KB170849

향후 10년 메가트렌드

향후 10년 메가트렌드
초판 1쇄 인쇄 2021년 2월 15일
초판 1쇄 발행 2021년 2월 22일

지은이 로히트 바르가바 옮긴이 홍석윤

펴낸이 이상순 주간 서인찬 영업이사 박윤주 제작이사 이상광

펴낸곳 (주)도서출판 아름다운사람들
주소 (10881) 경기도 파주시 회동길 103
대표전화 (031) 8074-0082 팩스 (031) 955-1083
이메일 books777@naver.com 홈페이지 www.book114.kr

생각의 길은 (주)도서출판 아름다운사람들의 교양 브랜드입니다.

ISBN 978-89-6513-638-5 03320

이 도서의 국립중앙도서관 출판예정도서목록(CIP)은 서지정보유통지원시스템 홈페이지(http://seoji.nl.go.kr)와
국가자료종합목록시스템(http://www.nl.go.kr/kolisnet)에서 이용하실 수 있습니다. (CIP제어번호 : CIP2019009352)

파본은 구입하신 서점에서 교환해 드립니다.

향후 10년 메가트렌드

로히트 바르가바 지음

홍석윤 옮김

CONTENTS

PART I

트렌드는 곧 실현될 이익이다

PART II

향후10년 메가트렌드

PART I

트렌드는 곧 실현될 이익이다

아무도 보지 않는 것을 보기 위해서는 무엇이 필요한가

"나는 속독가는 아니지만 이해하는 데는 빠르다."

—아이작 아시모프ISAAC ASIMOV, 작가, 역사학자, 생화학자

1962년에 로버트 타운센드Robert Townsend라는 사람이 그의 회사 광고부 직원 전체를 해고했다. 그가 최근에 인수한 회사는 10년이 넘도록 수익을 내지 못했기 때문에 회사의 운을 역전시키기 위해서는 획기적인 아이디어가 필요했다. 하지만 그에겐 충분한 돈이 없었다. 그는 절박한 심정으로 뉴욕에서 가장 잘나가는 몇몇 광고회사의 크리에이티브 디렉터들에게 "어떻게 하면 우리가 100만 달러로 500만 달러의 광고 효과를 얻을 수 있겠습니까?"라는 불가능한 질문을 담은 짧은 편지를 보냈다.

그중 한 회사가 특이한 제안을 보내왔다. 광고업계의 유명 대기업 도일 데인 번박(Doyle Dane Bernbach, DDB)의 창업자인 빌 번박Bill Bernbach이 90일 동안 이 회사를 연구해 보겠다고 말하면서 한 가지 조건만 제시하며 그 일을 맡기로 동의한 것이다. 그 조건이란 타운센드는 DDB가 제안한 광고 아이디어에 어떤 이의도 제기하지 않고 정확히 실행할 것을 약속해야 한다는 것이었다. 타운센드는 당연히 번박의 조건에 동의했다.

DDB는 일련의 포커스 그룹(focus group, 시장 조사나 여론 조사를 위해 선정된 각 계층을 대표하는 소수의 사람들 - 역주)을 대상으로 이 회사에 대한 조사를 의뢰했지만 결과는 실망스러웠다. 타운센드 회사의 브랜드는 시장 리더들에 비해 한참 뒤떨어졌고 격차를 좁힐 가망도 별로 없어 보였다. 이 때 이 회사의 광고 캠페인을 전개하기 위한 특별한 통찰력을 찾는 임무를 맡게 된 폴라 그린Paula Green 이라는 무명의 카피라이터가 독특한 아이디어를 생각해 냈다. 주로 남성들이 활동하던 광고 업계에서 보기 드문 여성 카피라이터였던 그린은 이미 자신의 일에 남다른 관점을 도입하는 데 익숙했다. 그녀는 포커스 그룹 조사가 진행되는 동안 직원들이 무심코 하는 말을 듣고 영감을 받아 새로운 광고 캠페인 슬로건을 만들어 냈다.

"에이비스(Avis), 우리는 2위에 불과합니다. 더 열심히 노력할 것입니다."

타운센드는 처음에는 회의적이었다. 어떤 브랜드가 자신이 기껏 2위라는 것을 내세우는 광고에 돈을 쓴단 말인가? 심지어 자신의 회사는 지금 어려운 상황에서 발버둥치고 있는데? 그러나 당초 한 약속 때문에 마지못해 그 광고 캠페인을 승인했다. 그 광고는 즉시 히트를 쳤다. 광고가 시작된 지 12개월도 채 되지 않아 에이비스는 연간 320만 달러의 손실을 내는 회사에서 120만 달러의 이익을 내는 회사가 되었다. 몇 년 안에 에이비스가 더 이상 2등이 아니게 될 테니 광고 업데이트가 필요할 것이라고 말하는 사람이 생길 정도였다. 광고 슬로건은 향후 50년 동안 지속적으로 사용될 선언문 역할을 하면서, 고객뿐 아니라 직원들의 사기를 북돋는 구호가 되기도 한다. 오늘날 에이비스의 광고는 역사상 최고 광고 캠페인 중 하나로 널리 인식되고 있다.

왜 그 광고가 그렇게 돌풍을 일으켰을까?

그 질문은 수십 년간 화젯거리가 되었다. 광고의 성공이 브랜드와 대리점 사이의 독특한 신뢰 관계 때문이라고 주장하는 사람들도 있고, 슬로건의 겸손함이 에이비스를 인간적으로 보이게 만들었고 직원들이 모든 고객과의 상호작용에서 더 열심히 노력하도록 고무시켰다고 생각하는 사람들도 있다. 또 리더십 전문가들은 타운센드의 유명한 인재 우선 관리 스타일 때문이라고 지적하기도 한다.

그런데 정작 폴라 그린은 "광고는 대개 자랑해야 한다는 기존의 통념에 반했기 때문"에 성공할 수 있었다고 말했다. 그녀는 또 아이러니하게도, '더 열심히 노력'해야 한다는 문구가 어떤 면에서는 여성으로서 광고계에 종사하면서 겪은 '자신의 삶의 이야기'라고 언급하기도 했다. 그녀의 이런 언급은 이 이야기에 어쩌면 그동안 간과되어온 더 자세한 사연이 있을지 모른다는 것을 암시한다. 포커스 그룹에 참여한 수십 명의 사람 대부분은 '더 열심히 노력해야 한다'는 한 직원의 말의 중요성을 인식하지 못했다. 오직 폴라 그린만이 다른 모든 사람이 놓친 것을 본 유일한 사람이었다.

이 책을 쓴 이유

이 책은 아무도 보지 않는 것을 보기 위해서는 무엇이 필요한가를 다룬 책이다.

이 기술은 대개 창의력으로 표현되는데, 실제로 우리는 그런 창의력이 높이 평가되는 시대를 살고 있다. 하지만 특별히 까다로운 문제에 대한 해결책을 찾거나 세상을 바꾸는 아이디어를 발견하기 위해서는 단순한 창의력 이상이 필요하다. 이것은 거의 20년 전 한 운명적인 날에, 자신이 아닌 다른 누군가에게서 영감을 받기를 기다리던 사람들의 책상 건너편에 앉아 있는 동안 내가 발견한 사실이다.

그때는 2001년이었고 나는 광고업계에서 일한 지 1년도 채 안 된 신참이었다. 하지만 광고업계의 층층 구조를 이해하기에는 충분한 시간이었다. 광고업계에는 '번뜩이는 아이디어를 내는 귀재'(Wizard of Lightbulb Memones)라고 할 만한 창의력이 풍부한 멋진 소수의 사람들이 있고, 우리 같은 그저 그런 보통 사람들이 있다. 우선 나는 그런 창의력이 넘치는 사람이 아니다.

우리는 시드니의 달링 하버(Darling Harbor)가 내려다보이는 사무실 건물의 꼭대기 층 회의실에 앉아 있었다. 그 회의실에는 비싸기로 유명한 호주의 태즈매니아(Tasmania)산(山)에서 나는 참나무(우리 고객사가 그렇게 강조했으니까)로 만든 거대한 테이블이 있었는데, 그것은 아마도 우리를 압도하기 위한 의도적 설정이었을 것이다.

우리는 판도를 바꿀 것이라며 거창하게 광고 아이디어를 발표했다. 그때만 해도, 아무도 신참인 내가 무슨 말을 할 것이라고 기대하지 않는다는 사실에 내심 안도감을 느끼고 있었다. 처음에는 발표가 잘 되는 듯했다. 그러나 불행히도 우리 발표가 마무리될 즈음 고객사가 전혀 예상하지 못한 질문을 했다. "다른 건 없나요?" 그것은 좋지 않은 징조였다.

우리는 무려 두 달 동안이나 이 회의를 준비했고, 당연히 우리가 광고를 따낼 것이라고 자신했기 때문에 예비안(B안)을 준비하지도 않았던 것이다. 고객사의 질문에 대한 우리의 반응은 정말 끔찍했다. 그저 침묵만 지켰으니까. 바로 그때, 그날 채택되지 않은 아이디어들을 모두 상기시킬 수 있는 유일한 사람은 회의 내내 계속 메모만 했던 신참인 나라는 것을 뒤늦게 깨달았다. 나는 용기를 내 침묵을 깨고 큰 소리로 그 질문에 답했다. 바로 광고업계에서 나의 경력에 전환점을 이루는 순간이었다. 물론 당신이 상상하는 방식은 아닐지도 모른다. 나는 내 머리 속에서 백만 달러짜리 아이디어를 끄집어내지는 못했다. 사실, 솔직히 말하자면 그때 내가 뭐라고 말했는지 기억나지도 않는다. 하지만 그때 내가 어떻게 느꼈는지는 분명히 기억한다. 소위 '다른 세상'이 어떤 것인지를 처음으로 맛본 순간이었고, 나는 완전히 매료되었다. 다시 그런 느낌을 갖고 싶었다.

그 무렵 나는, 소설가 커트 보니것Kurt Vonnegut에게 "모든 것을 아는 사람이 되는 것은 어떤 느낌인가?"라는 질문을 받았다는 한 작가의 말에서 영감을 찾았다.

속독이 중요하지 않은 이유

아이작 아시모프는 생애 동안 거의 500권의 다작을 발표하며 자신의 명성을 쌓았다. 그는 공상과학소설 분야에서 획기적인 작품을 써서 이름을 떨쳤지만, 그 분야뿐 아니라 삽화를 곁들인 어린이용 공룡 책에서부터 2권짜리 성경 가이드까지 여러 종류의 책을 저술했다.

어떻게 한 사람이 매년 평균 10권 이상의 책을 쓰고 출판할 정도로 그렇게 다양한 관심사와 기술을 지닐 수 있었을까? 아시모프는 그의 창의적 사고방식이 어릴 때부터 자신이 할 수 있는 모든 것을 읽고 배우려는 강한 욕구에서 비롯된 것이라고 말했다.

그는 이렇게 말한 바 있다. "나는 속독가는 아닙니다. 하지만 이해하는 데는 빠르지요. 당신도 이해를 빨리 할 수 있는 사람이 될 수 있다면 어떻게 되었을까요?"

오늘날의 세상에서 아시모프 같은 이해의 비결을 따라잡는다는 것은 상상하기 어렵다. 오늘날 우리는 콘텐츠 홍수 속에 살고 있지만 대부분은 좋지 않은 것들이다. 또 허튼 정보와 믿을 만한 정보를 구분하는 것도 거의 불가능해졌다. 디지털 도구 덕분에 하찮고 어리석은 생각까지도 누구나 쉽게 공유할 수 있게 되었다. 그러나 아무리 잘 포장되고 쉽게 퍼진다 해도 쓰레기는 쓰레기일 뿐이다.

이 같은 엄청난 불량 콘텐츠 더미에 직면하면서도 우리는 그런 쓰레기 정보를 걸러내기 위해 소셜미디어에서 공유되고 있는 알고리즘과 피상적인 의견들에 점점 더 의존하고 있다. 게다가 우리는 그런 절망스런 상황을 극복하기 위한 나름의 새로운 방법이라는 것들을 개발했다. 우리는 텔레비전 화면을 빠른 속도로 돌릴 수 있고, 한 번에 한 단어씩만 화면에 나타나게 만드는 속독앱을 사용해 이른바 '시간을 훔치는' 기술에 눈을 돌린다.

그러나 이 해결책들 중 어느 것도 그 효과가 오래 가지 못한다.

문제는, 콘텐츠를 더 빨리 처리함으로써 우리가 더 똑똑해지기를 기대하는 것은 좋은 식사를 즐기기 위해 빨리 먹기 대회에 참가하는 것과 다를 바 없다는 것이다. 60초 안에 26개의 핫도그를 먹는 것이 배고픔을 만족시킬 수 있겠지만, 후유증이 있을 가능성이 높다.

세상에 대한 책을 가능한 많이 읽는다고 해서 세상을 더 잘 이해할 수 있는 것은 아니다. 그보다는 무엇이든 먼저 의도적으로 관심을 가져야만이 그럴 수 있다. 평생 배워야 한다는 마음가짐으로 세상에 대해 호기심을 가지고 다른 사람들이 놓치는 것을 보고, 이해하고, 예측할 수 있다면, 그리고 그 기술을 사용해 트렌드의 패턴을 이해하고, 교차점을 찾아내고, 구석구석을 둘러보며 어떤 미래가 펼쳐질지에 대한 관찰력을 개발할 수 있다면, 또 모든 단편적 현상들을 취합해 미래를 예측하는 법을 실제로 배울 수 있다면 어떨까?

당신은 그렇게 할 수 있다. 이 책의 야심 찬 목표는 당신에게 그 방법을 가르치는 것이다. 나는 나의 이런 접근 방식을 '미래를 읽는 사고방식' 이라고 부른다. 이 사고방식이 당신의 삶을 바꿀 것이다. 몇 년 전 노르웨이에서 평생 다 마실 수도 없는 5만 개의 술병에 둘러싸인 채 잊지 못할 오후를 보낸 후 내 생각도 바뀌었으니까 말이다.

노르웨이의 억만장자에게서 배운 것

크리스티안 링그네스Christian Ringnes는 스칸디나비아에서 가장 부유한 사람 중 한 사람이다. 배포가 큰 사업가이자 미술품 수집가인 그는 부동산으로 재산을 모았으며, 비평가들의 극찬을 받은 노르웨이 오슬로의 에케베르그 조각 공원(Ekeberg Sculpture Park)의 복원을 주도하며 이를 재정적으로 후원한 사람이기도 하다. 그러나 그의 진정한 유산은 보다 더 특이한 업적에서 유래된다. 바로 세계 최대 규모의 미니어처 술병 박물관을 건립한 것이다.

술병 수집에 대한 그의 수십 년간의 집착은, 결국 이길 수 없는 상대와 정면 충돌했다. 바로 그의 아내 데니스Denise의 결사 반대에 부딪힌 것이다. 온 집안을 차지하고 있는 술병에 질린 그녀는 마침내 그에게 최후 통첩을 보냈다. 그가 그 동안 모은 5만2,000개가 넘는 술병과 그와 관련된 것들은 몽땅 내다 팔라는 것이었다. 다른 수집광들과 마찬가지로 링그네스도 그동안 수집한 술병에 대한 애착을 버린다는 것은 생각할 수도 없는 일이었다. 결국 이 노르웨이의 부동산 거물은 우리가 예상하는 바대로 정확히 실행했다. 그 병들을 박물관에 위탁한 것이다.

오늘날 그의 '미니 보틀 갤러리'(Mini Bottle Gallery)는 세계에서 가장 인기 있는 특별한 박물관 여행지 중 하나로, 색다른 여행 가이드에 빠지지 않고 등장한다. 나는 그 갤러리를 둘러보고는 그 구성 방식에 완전히 매료되었다. 모든 방에는, 사창가 매춘방에서 영감을 받은 '죄의 방'(Room of Sin)에서부터 쥐나 벌레 같은 함정에 빠진 사물들이 떠 있는 술병들이 있는 '공포실'(Horror Room)에 이르기까지 기발한 주제로 분류된 병들이 전시되어 있다.

더 중요한 것은, 잘 만들어진 다른 박물관 체험처럼, 미니 보틀 갤러리도 매우 세심하게 운영된다는 것이다. 한 회에 링그네스의 소장품 중 약 20%만이 전시되는데, 이런 사려 깊은 선택이 갤러리 전체에 중요한 의미를 부여해 준다. 각 전시실마다 자신의 이야기를 갖고 있고 그 이야기들이 박물관 경험에 생명을 불어넣어 주기 때문이다.

저녁에 박물관을 나서면서, 나는 이런 큐레이션의 아이디어가 내 일에도 매우 중요하다는 것을 깨달았다. 고객이 더 좋아하는 아이디어를 내는 비결은 그런 아이디어를 짜내는 것보다 아이디어를 얼마나 잘 큐레이팅하느냐에 있다는 것을 말이다.

나는 어떻게 아이디어 큐레이터가 되었나?

2005년 중반에, 나는 장차 세계에서 가장 크고 가장 성공적인 소셜미디어 팀이 될 팀의 일원으로 업무를 시작했다. 당시만 해도 소셜미디어는 기본적으로 블로깅을 의미했기 때문에, 우리 서비스는 대형 브랜드들이 블로거들을 직접 참여시킬 수 있는 방법을 찾도록 돕는 것이었다.

블로그를 쓰는 것은 쉬워 보였고, 그래서 나는 블로그를 직접 시작하기로 결심했다. 처음 몇 개의 게시물은 쉽게 나왔지만, 그다음에는 아이디어가 바닥이 났다. 이미 이 일을 본업으로 하고 있는 상황에서 어떻게 하면 급하게 만든 블로그를 계속 새로운 이야기로 업데이트 할 수 있을까? 아이디어를 모으기 위한 더 좋은 방법이 필요했다.

나는 모든 곳에서 아이디어를 찾기 시작했다. 처음에는 많은 이야기를 나 자신에게 이메일로 링크시켜 아이디어를 모았다. 메모장에 모든 가능한 블로그 주제를 휘갈겨 썼다. 책에서 인용구를 모았고 관련 잡지를 찢어 붙였다. 올릴 만한 주제 모음이 늘어남에 따라 아이디어에 식별표를 붙여 노란색 폴더에 저장하기 시작했다. 계속 사용하면서 폴더가 마모되어 심하게 갈라진 이음매에 점착 테이프를 붙여 단단히 고정했다.

그 방법은 효과가 있었고, 무엇에 대해 쓸 것인지에 대한 많은 영감을 얻었다. 그 일을 4년 동안 세심하게 하다 보니 때로는 매일 새로운 기사를 올리는 날도 있었다. 지난 4년 동안 나는 1,000편이 넘는 기사를 썼고, 수십만 명의 독자도 생겨났다. 내 블로그는 여러 개의 상을 수상했고, 내 네트워크를 성장시켰으며, 마침내 맥그로힐(McGraw-Hill)과 계약을 맺고 2008년에 첫 책 ≪개성이 없다≫(Personality Not Included)를 출판할 수 있었다.

그로부터 2년 후, 나는 내 인생의 다음 10년을 형성할 일을 실행했다.

〈뻔하지 않은 트렌드 보고서THE NON-OBVIOUS TREND REPORT〉 시리즈의 탄생

2010년 말쯤, 나는 다음 해의 트렌드에 대한 기사를 읽고 있었다. 거의 모든 것이 뻔한 사실에 대한 얄팍하고 무성의한 자기 위주의 선언에 불과했다. 한 가지 예를 들면, 내년에 가장 핫한 트렌드는 아이폰 4일 거라는 따위의 내용이었다. 다른 기사도 마찬가지였다. 내년에는 '더 많은 사람들이 소셜미디어에서 자신을 표현할 것'이라는 것이었다. 또 다른 기사는 2011년이 드론의 해가 될 것이라고 예측했다. 그 기사가 드론을 만드는 회사의 CEO가 쓴 글이라는 것은 놀랍지도 않다.

이런 것들은 트렌드가 아니다. 그저 세상을 좀 주의 깊게 보면 확실하게 알 수 있는 관찰일 뿐이다. 그런 예측들은 좋게 본다 해도 그들의 희망적인 생각을 밝힌 것에 불과하고, 나쁘게 보면 그들의 제품이나 서비스가 유행해서 이익을 얻기를 바라는 마음을 에둘러 표현한 것이다. 이런 트렌드 예측 기사에 대해 좌절한 나는 더 나은 트렌드 예측을 해야 한다는 생각으로 내가 생각하는 15가지 트렌드 목록을 발표했고, 그것을 '뻔하지 않은 트렌드 보고서'라고 명명했다. 내가 읽은 뻔하고 확실한 트렌드 예측 기사들에 대한 우회적 비판을 담은 이름인 셈이다. 이 보고서는 수십만 명의 사람들이 읽고 공유하면서 입소문으로 퍼져 나갔다.

파워포인트 20페이지 분량의 발표문으로 시작된 이 보고서는 온라인에서 공유되면서 이후 5년 동안 연구 자료, 인터뷰, 패널 의견 등을 담은 수백 페이지의 막강한 연례 트렌드 보고서로 발전했고, 2015년에는 마침내 베스트셀러로 성장했다. 그 와중에 나는 글로벌 광고회사 오길비(Ogilvy)를 떠나 기업가가 되었고, 세계에서 가장 큰 무대에서 연설을 했으며, 매년 1월에는 최신 트렌드를 담은 새 판의 책을 출판한다. 이제 나의 〈뻔하지 않은 트렌드〉 시리즈는 100가지 이상의 예측을 하는 책으로 성장했다. 이 책들은 8개 국어로 번역되었고, 9개의 권위 있는 국제 도서상을 수상했으며, 100만 명이 훨씬 넘는 독자들에게 도달되었다. 그들은 내가 항상 받아들이기를 주저해 마지않는 명칭인 미래학자라는 타이틀을 내게 붙여 주었다.

미래학자라고 불리는 것을 주저하는 이유

나는 오늘날의 세상을 바라보며 앞으로 다가올 일을 예측하는 미래학자들에게서 많은 영감을 받았다. 예를 들어, 선구적 미래학자 조지 프리드먼의 ≪100년 후≫(The Next 100 Years, 김영사, 2010)는 멋진 공상과학소설을 읽는 것 같기도 하고 잠재적 현실에 대한 선견지명에 매료되지 않을 수 없다. 2060년에는 그가 예측한 대로 정말로 '황금기'(Golden Decade)가 시작될지도 모른다. 그것이 미래학자들의 사고방식이다.

그와 비교하면, 우리 팀과 나는 기업들과 리더들이 빠르게 변화하는 현재를 이해하고 그 지식에 따라 행동하도록 돕기 위한 트렌드를 연구할 뿐이다. 그래서 '미래주의자'라는 명칭은 늘 나에게는 과분하다고 생각한다.

이전 인터뷰에서 나는 나 자신을 '준(準) 미래주의자'(near futurist) 라고 설명한 적이 있다. 내 시각은 대개 지금 당장 우리 행동이나 신념에 영향을 미치는 트렌드에 초점을 맞추고 있다. 하지만, 그렇다고 해서 나의 연례 트렌드 예측의 영향이 해가 지나면 사라진다는 것을 의미하는 것은 아니다. 내 예측이 옳았다면 그 예측은 시간이 지나면서 더 명확해 질 것이다.

이 책을 읽는 방법

10년 동안 예측을 하면서 우리 팀과 나는, 어떤 트렌드는 더 넓은 문화적 또는 행동적 변화로 발전하는 반면, 어떤 트렌드는 그 의미가 퇴색되는 것을 보아왔다. 이번 '뻔하지 않은 트렌드' 10주년 기념판에서는 지난 10년간의 연구를 살펴보고, 가장 중요한 트렌드와 이야기들을 취합하는 한편, 전 세계의 트렌드를 읽고자 하는 사람들이 긴급하게 필요로 하는 것들에 대해 보다 넓은 맥락을 제공할 것이다.

1부에서는 미래를 읽는 사람이 되기 위해 필요한 5가지 주요 사고방식을 살펴본 다음, 트렌드를 큐레이팅하기 위해 내가 주로 사용하는 이른바 건초더미 방법과 그런 통찰력을 실행에 옮기기 위한 기술들을 자세히 살펴볼 것이다. 2부에는 문화, 기업, 직장 생활, 인간성에 대한 함축적 의미와 함께, 향후 10년을 형성할 10개의 강력한 메가트렌드에 대한 예측이 수록되어 있다. 각 장에서 각각의 메가트렌드가 우리 세상에 미칠 잠재적인 영향을 탐구한다.

독자들이 이 책을 통해 알게 되겠지만, 뻔하지 않은 트렌드를 읽는 사람이 되는 방법을 배우는 이점은 단순히 트렌드를 파악할 수 있는 것에 그치는 것이 아니다. 숨겨진 미래를 읽어낼 트렌드를 찾다가 보면 변화에 대한 열린 마음을 갖게 되고, 혼란에 빠지지 않고 오히려 변화를 주도할 수 있게 될 것이다.

미래를 읽는 사고방식은, 당신의 명함에 뭐라고 씌어 있든 모든 분야에서 가장 창의적인 사람이 되게 해줄 뿐 아니라 가장 어려운 문제를 해결하는 데에도 도움을 줄 것이다. 가장 중요한 것은, 이 사고방식이 당신이 미래를 예측하고 승리할 수 있도록 돕는다는 것이다. 궁극적으로 가장 큰 교훈은, 당신이 미래에 승리하기 위해 반드시 속독가가 될 필요가 없다는 것이다. 대신 빠르게 이해하는 사람이 되는 것이 보다 가치 있는 열망이다. 당신이 거기까지 가는 데 이 책이 도움이 되기를 바란다.

Chapter 1

미래를 읽는 5가지 사고방식

"나는 수천 명의 사람들을 연구해 왔다. 얼마나 많은 사람들이 배울 기회를 거부하는지 놀라울 따름이다."

— 캐롤 드웩CAROL DWECK, 《마인드셋》의 저자

나는 지금 교실에서 25명의 불안해 하는 학생들과 함께 앉아 있다. 나는 조지타운 대학교에서 대중 연설과 설득력에 관해 10주 과정의 과목을 맡았다. 절반 이상의 학생들이 자기 소개를 할 때, 자신은 대중 연설을 잘 하지 못한다고 미리 선언하며 말을 시작한다. 이후 몇 년 동안에도 마찬가지였다. 해를 거듭하며 과정 전반에 걸쳐 학생들의 학습 진도를 살펴보니 하나의 패턴이 드러났다. 자신을 연설이 서툰 사람이라고 소개하는 학생들은 그렇지 않은 학생들보다 발전이 더디다는 사실이다. 어떤 면에서 맞을지

도 모른다. 선천적으로 다른 사람들보다 대중 연설을 더 잘하는 사람이 있기 때문이다. 과연 그럴까?

하지만 나를 놀라게 한 것은, 그런 선천적 격차가 실제로 나중에 누가 더 훌륭한 연설가가 되느냐와는 거의 관련이 없다는 것이다. 실제로 자신의 능력을 의례 과대평가하는 학생들이 있는가 하면 반면, 자신과 자신의 재능을 스스로 억누르는 것처럼 보이는 학생들도 있었다. 성공은 타고난 능력에 의해 결정되는 것이 아니었다. 타고난 능력 외에 뭔가 다른 일이 일어나고 있는 것이 틀림없다.

스탠포드대학교의 저명한 심리학 교수 캐롤 드웩의 연구는 이에 대해 가능한 한 가지 설명을 제공한다. 드웩 교수는 수십 년 동안 초등학생들, 프로 운동선수들, 기업 리더들을 연구한 끝에, 왜 누구는 그들의 잠재력을 실현했고, 다른 사람들은 실패했는지를 밝혀냈다. 드웩이 내린 획기적 결론은, 모든 것이 개인의 사고방식에 귀결된다는 것이었다.

드웩 교수는, 대부분의 사람들은 성장하는 사고방식(growth mindset)과 고정된 사고방식(fixed mindset) 중 하나를 가지고 있다고 설명했다. 고정된 사고방식을 가진 사람들은 자신의 기술과 능력이 정해져 있다고 믿는다. 그런 사람들은 자기 자신이 무엇인가를 잘하거나 못한다고 미리 예단하고 자신이 선천적 능력을 가지고 있다고 느끼는 일과 직업에 노력을 집중하는 경향이 있다.

　반면 성장하는 사고방식을 가진 사람들은, 성공은 배움, 노력, 그리고 결단의 결과라고 믿는다. 그들은 노력을 통해 진정한 잠재력을 달성할 수 있다고 생각한다. 그 결과, 그들은 도전을 통해 성공하고 배움에 대한 열정을 갖는다. 그들은 또 실패를 '자동차가 박살 난 것이 아니라 그저 주차 위반 딱지' 정도로 생각한다. 그들은 실패한 경우에도 더 빨리 회복하며, 자신감이 넘치고, 삶에 대해 더 행복해하는 경향이 있다.

　미래를 읽는 사고방식에 몰두하는 것은 성장하는 사고방식을 취하는 것에서 시작된다. 그러나 마음가짐만으로는 왜 누구는 다른 사람들이 놓치는 것을 볼 수 있고, 다른 사람들은 늘 하던 방식으로 일을 하는지 그 이유를 알기 어렵다.

　지난 10년 동안 미래를 읽는 사고방식에 매달리면서 나는 수백 명의 사상가, 기업가, 작가들의 성장 과정을 연구했다. 그들은 산업을 변화시키고 혁신을 이끈 선구자였고, 실제로 매우 성공한 사람들이었다. 연구를 통해 나는, 미래를 읽는 사람들은 성장하는 사고방식을 가지고 있을 뿐 아니라, 자신과 자신이 속한 조직이 다른 사람들보다 더 빨리 미래로 향하도록 하게 하는 다섯 가지 추가적인 사고방식을 갖고 있다는 것을 발견했다.

미래를 읽는 사람들의
5가지 사고방식

관찰력
다른 사람들이 무엇을
놓치는지 본다.

호기심
항상 이유를 찾는다.

융통성
앞으로 나아가는
법을 배운다.

사려 깊음
충분히 생각한다.

우아함
멋진 아이디어를
창출한다.

관찰력

**세상에 관심을 갖고, 다른 사람들이 놓치는 세세한 부분까지
알아차릴 수 있도록 스스로를 훈련한다.**

어느 날 나는 게이트와 비행기를 연결하는 탑승교(jet bridge)에
서서 내 가방이 수속을 통과해 나오기를 기다리고 있었다. 먼저
올라온 가방들에는 모두 노란색 손잡이 커버가 씌워있어서 나는
동료 여행자에게 그게 뭔지 물어보았다. 그는 유나이티드 항공이
최고 등급의 승객들에게 제공해 준 커버라고 말해 주었다. 지상
근무자들에게 그 가방들을 먼저 꺼내라는 표시인 셈이다. 나도
집에 그 커버가 있다는 것이 생각났지만 그것이 그렇게 중요한
것인지는 몰랐기 때문에 챙겨야 한다는 생각을 미처 하지 못했었
다.

그 다음 주부터 나는 그 커버를 사용하기 시작했는데, 예상대
로 내 가방이 다른 단골 여행객들의 가방과 함께 먼저 나왔다. 그
렇게 해서 절약된 몇 분의 시간이 내 인생을 바꿔놓았을까? 물론
아니다. 하지만 그 날 내 여행 경험을 조금 더 즐겁게 해주긴 했
다. 수십 번의 비행을 합치면, 절약되는 시간도 꽤 많아질 테니까
말이다.

관찰력을 키운다는 것은 단지 큰 일을 보라는 의미가 아니다.
그것은 작은 일들에 주의를 기울이도록 당신 자신을 훈련시키는

것이다. 다른 사람들이 놓치고 있는 상황에서 무엇을 볼 수 있는가? 그런 세부적인 것들에 주목하면서 이전에는 몰랐던 사람들, 업무 절차, 회사들에 대해 무엇을 알게 되는가? 그리고 당신이 승리하는 데 그 지식을 어떻게 사용할 수 있는가? 비록 그 승리가 다른 사람들보다 가방을 조금 더 빨리 찾는 것 같은 사소한 일일지라도 말이다.

이 습관에 대한 비디오 보기:
www.nonobvious.com/megatrends/resources

관찰력을 키우는 세 가지 방법

아이들에게 세상에 관해 설명해 준다.

당신의 관찰 실력을 연마하는 가장 좋은 방법 중 하나는 당신 주변의 세상에 대해 아이들에게 설명해주는 것이다. 예를 들어, 최근에 내 아이가 왜 다른 차량들은 그렇지 않은데 공사 차량과 교통 표지판만 노란색이냐고 물었을 때, 나는 비로소 내가 그 사실에 대해 그동안 전혀 관심이 없었다는 것을 깨달았다. (답: 노란색은 멀리서도 더 잘 보이고, 미국 문화에서는 '주의'나 '경고' 메시지와 관련된 색으로 인식되고 있기 때문이다.)

일이 진행되고 있는 과정을 관찰한다.

바리스타가 당신에게 커피를 만들어주는 방법에서부터 어떤 사람들이 비행기 탑승 등급을 업그레이드하는지에 이르기까지, 우리 삶에서 일어나는 많은 상호작용은 어떤 신비한 시스템에 의해 조절된다. 직업이나 환경이 당신과 다른 회사나 사람들과 대화할 때는 세세한 사항에 관심을 집중해 보라. 어떤 과정이 당신의 마음을 끄는가? 당신과 상호작용하는 각 사람들은 어떻게 그 과정을 다르게 다루는가? 이제 그런 과정을 무시하지 말고 주의 깊게 관찰해 보라. 그러면 다른 사람들이 놓치는 것을 제대로 볼 수 있을 것이다.

전화기는 잠깐 치워둔다.

전화기는 우리가 주변 세상을 보지 못하게 하는 데 아주 탁월한 기능을 발휘한다. 길을 걷거나 지하철을 타면서도 늘 휴대폰에 눈을 고정시키는 대신, 전화기를 치우고 주위를 둘러보라. 흥미로운 것들을 찾아보거나, 사람들의 몸짓을 관찰하거나, 낯선 사람과 대화를 시작해 보라.

호기심

항상 질문을 하고, 배움에 투자하며, 낯선 상황에 경이로움을 가지고 접근한다.

비야르니 헤르율프손Bjarni Herjulfsson은 세계 역사상 가장 유명한 탐험가 중 한 명이 될 수도 있었다. 그러나 그의 삶은 대부분 잊혀졌다. 서기 986년, 헤르율프손은 노르웨이를 출발해 그린란드로 항해를 떠났다. 폭풍으로 인해 항로를 이탈한 그의 배는 북미 대륙을 본 역사상 최초의 유럽 선박이 되었다. 선원들은 이 곳에 정박해 탐험하자고 간청했지만, 헤르율프손은 항해를 계속했고 결국 그린란드에 도착했다. 몇 년 후, 그는 레이프 에릭슨 Leif Erikson이라는 친구에게 이 이야기를 들려주었는데, 헤르율프손의 모험에서 영감을 받은 에릭슨은 배를 사서 직접 여행을 시작했다.

에릭슨은 크리스토퍼 콜럼버스가 바하마(Bahamas)에 상륙해 미국을 발견한 것으로 알려진 것보다 거의 500년 앞서 북미 대륙에 상륙한 최초의 유럽인으로 널리 기억되었다. 그러나 헤르율프손은 잊혀졌다. 그의 이야기는 호기심이 왜 중요한지를 생생하게 상기시켜 준다. 호기심이야말로 발견의 전제 조건인 것이다.

우리 인간들은 본래 호기심을 타고 났지만, 호기심이 주의산만처럼 보일 수 있다는 이유로 종종 호기심을 숨긴다. 그리고 실제로 하던 일을 멈추고 무언가를 더 깊이 탐구하는 것보다는 그냥지나치는 것이 더 쉽다고 생각한다. 심지어 우리 지식조차도 우리를 방해할 수 있다. 예를 들어, 우리가 어떤 주제에 대해 더 많이 알수록, 자신의 전문지식에서 벗어나 생각하고 시야를 넓히는일이 더 어려워진다. 심리학자들은 이런 현상을 '지식의 저주'라고 부른다. 여기 당신의 호기심을 다시 일깨우고 이 저주를 깨는몇 가지 방법들을 소개한다.

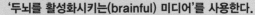

호기심을 더 일깨우는 세 가지 방법

'두뇌를 활성화시키는(brainful) 미디어'를 사용한다.

우리 주위에는, 가십거리 블로그에서부터 호감 가지 않는 사람들이 호감 가지 않는 소재를 다루는 리얼리티 쇼에 이르기까지 쓸모 없는 콘텐츠로 가득하다. 그런 쓸모 없는 콘텐츠가 비록 중독을 일으키는 흥미일 수는 있지만, 그것은 호기심이 아니라 수동성을 조장할 뿐이다. 그러니 그런 콘텐츠 말고 호기심을 자극하고 당신을 생각하게 만드는 콘텐츠와 경험을 추구하라. 재미있는 TED 강연을 보거나, 당신이 거의 모르는 주제에 대한 책을 읽거나, 특이한 주제에 대한 강의에 참여하라

익숙하지 않은 잡지를 읽는다.

다른 사람의 눈을 통해 세상을 보기 위해 내가 즐겨 쓰는 방법 중 하나는, 내가 잘 아는 분야나 내가 살고 있는 문화가 아닌 잡지를 읽는 것이다. 예를 들어, 미국의 농업 및 식품 전문 잡지 〈모던 파머〉(Modern Farmer), 사회적 및 환경적 정의를 다루는 〈퍼시픽 스탠더드〉(Pacific Standard), 글로벌 문제와 라이프스타일을 다루는 〈모노클〉(Monocle)은 서로 전혀 다른 세 잡지다. 이런 잡지의 이야기, 광고, 이미지들을 훑어보는 것만으로도 어떤 다른 활동 10분보다 더 쉽고 빠르게 자신만의 세계에서 벗어날 수 있다.

끊임없이 질문한다.

몇 년 전, 페인트 업계의 한 행사에서 강연을 해달라는 초청을 받았다. 나는 예정보다 미리 도착해서 전시장을 둘러보며 많은 질문을 했다. 30분 동안, 나는 페인트가 어떻게 섞이는지, 왜 업계에서 플라스틱 캔과 강철 캔의 장점에 대한 논쟁이 일고 있는지, 그리고 컴퓨터 컬러 매칭 시스템이 판매에 어떤 영향을 미치는지에 대해 알게 되었다. 나는 수십 개의 다른 업종에 걸쳐 수천 명의 전문가들과 이런 류의 경험과 대화를 나누곤 했다. 그 덕분에 여러 다른 업계에 대해 약간의 지식을 쌓게 되었고 청중들과 관련된 강연을 할 수 있다는 자신감도 갖게 되었다. 나의 이런 호기심은 어떤 산업과도 성공적으로 일할 수 있도록 나를 준비시켜 주었다.

미래를 읽는 사고방식 #3:

융통성

흥미로운 아이디어가 있으면 즉각 자세히 분석하려 들지 말고 나중에 써먹을 수 있도록 저장한다.

변덕스러움은 대개 좋은 자질로 간주되지 않는다. 그러나 새로운 아이디어를 접하게 되는 경우, 의도적으로 융통성 있게 행동하는 방법을 배우는 것이 나름 장점이 있다는 것을 알게 되었다. 이것이 어떻게 효과가 있는지를 설명하기 위해 항공사 단골 고객들이 누적 마일리지를 어떻게 사용하는지 생각해 보자. 우리는 비행기를 타며 수천 마일을 모은다고 해서 그것을 즉각적으로 사용하지는 않는다.

대신, 언젠가 가고 싶은 곳에 갈 수 있을 만큼 마일리지가 축적될 때까지 꾸준히 모은다. 우리가 이렇게 마일리지를 수집하는 방식으로 아이디어를 모을 수 있다면 어떨까?

그렇게 하기 위해 중요한 것은, 모든 아이디어에 항상 즉시 의미를 부여하려는 유혹을 피하는 것이다. 겉으로 보기에는 이것이 직관에 어긋나는 것처럼 보일 수 있다는 것을 잘 안다. 하지만 경험 많은 강사나 크리에이티브 코치들은 한결같이 개별적인 아이디어에 깊이 빠지는 것이 브레인스토밍 세션의 흐름을 망치는 최고의 원인이라고 말한다. 개념 형성과 분석이 효과적이 되기 위해서는 둘 사이에 시간적 완충이 필요하다. 아이디어의 의미와 각 아이디어 간의 연관성은 우리가 아이디어를 잠시 한 쪽으로 제쳐둔 후에야 보이게 마련이다. 시간이 흐른 뒤에 아이디어들을 분석하면 연관성을 더 깊이 볼 수 있는 더 많은 아이디어와 관점이 생겨날 수 있다.

몇 달 혹은 몇 년 동안 책꽂이에만 꽂혀 있던 책을 읽었을 때, 당신은 융통성의 숨겨진 힘을 경험했을 것이다. 오히려 당신이 그 책을 샀을 때는 그 책을 읽기에 이상적인 시간이 아니었을지 모른다. 그럴 때에는 그냥 책꽂이에 꽂아 두어라. 나중에 그 책을 발견할 준비가 되면 그때 읽어도 늦지 않다.

융통성 있게 행동하는 것은 아이디어를 일찌감치 버리라거나 집중하지 말라는 의미가 아니다. 아이디어 간의 연관성을 즉시 인식해야 한다는 압박에서 벗어나 시간이 흐른 뒤에 그 아이디어들에 다시 돌아와 분석하는 것이 더 쉽다는 의미다.

융통성을 기르는 세 가지 방법

아이디어를 오프라인으로 저장한다.

디지털 필기 도구들은 정보를 저장하는 데 매우 유용할 수 있지만, 대부분은 최근에 추가된 콘텐츠을 우선으로 하고 나머지는 묻어버리는 경향이 있다. 물론 나도 휴대폰에서 필기 앱을 사용하지만, 때로는 잡지의 기사들을 찢어서 책상 위에 있는 아이디어 폴더에 넣기도 한다. 아이디어를 오프라인으로 저장하면, 언제 저장했는지에 관계없이 모든 아이디어에 동일한 가중치를 부여할 수 있다. 또 오프라인에서 물리적 형태를 갖추고 있으면 이 아이디어들을 나중에 펼쳐 볼 수도 있는데 이는 건초더미 방법의 핵심 요소다. 건초더미 방법에 대해서는 3장에서 다룬다.

시간 제한을 설정한다.

아이디어를 자세하게 분석하려는 유혹을 피하기 위해, 타이머를 사용해 아이디어에 쏟는 시간을 제한한다. 이 기술은 당신의 마음을 정리해주고, 어떤 아이디어가 나중에 더 면밀한 검사를 위해 저장할 가치가 있는지를 더 빨리 평가할 수 있게 해준다.

짧은 메모를 한다.

내가 지난 1년 동안 이 책을 쓰기 위한 기사와 이야기를 수집할 때, 나는 그 기사나 이야기를 왜 흥미있다고 생각했는지를 기억하기 위해 몇 단어를 적어 넣곤 했다. 또 책을 읽으면서 관심있는 부분을 표시하기 위해 컬러 탭 스티커를 사용했다. 그럴 때마다 샤피 마커(Sharpie marker)를 사용하는데, 굵은 글자가 눈에 잘 띌 뿐 아니라 그때 그때 가장 유용한 관찰만 하도록 해주기 때문이다.

사려 깊음

충분한 시간을 들여 의미 있는 관점을 개발하고 대안적 관점을 고려한다.

안타깝게도 인터넷은 쓸모 없고, 편파적이고, 얄팍한 댓글들과 무식한 의견들로 가득 차 있다. 말의 내용과는 상관없이 그저 빠르게 대응하는 것만을 중요시 하는 것처럼 보일 때, 사려 깊게 행동하는 것은 더욱 어렵다. 친구나 동료들과 토론을 하거나, 블로그에서 이메일이나 기사에 답을 쓰거나, 가게 점원이나 서비스 직원들과 대화할 때, 사람들은 그저 침묵을 메우기 위해 뭔가를 서둘러 말하거나 다른 사람보다 먼저 목소리를 높인다.

좀 더 사려 깊게 생각하기 위해, 우리는 잠시 시간을 내서 주변에 있는 사람들, 특히 우리와 같은 방식으로 생각하지 않을 수도 있는 사람들의 다양한 생각을 고려해 보아야 한다. 책을 읽을 때, 때로는 같은 이야기에 대해 여러 자료를 찾을 때, 우리는 의도적으로라도 사려 깊게 생각해야 한다. 나의 경우 예를 들어, 각기 다른 나라 사람들이나 그들의 자료들이 같은 문제에 대해 얼마나 다르게 보고하는지를 볼 때마다 나 자신의 시야가 더 넓어진다.

더 사려 깊게 생각하는 세 가지 방법

멈추어 잠시 생각한다.

온라인상이든 직접 대면으로 하든 다른 사람과 대화할 때, 말하기 전에 당신이 하려는 말이 어떤 결과를 가져올지 잠깐 생각하라. 그렇게 하면 당신이 정말 하고 싶은 말을 잘 전할 수 있을 뿐 아니라 실수를 피할 수 있다. 잠시 멈추어야 다른 사람들이 당신의 생각을 잘못 해석할 수 있다는 것을 미리 생각해 볼 수 있다.

쓴 다음에 다시 고친다.

가장 재능 있는 작가들은 초고를 바로 공유하지 않고, 시간을 들여 작품을 수정하거나 완전히 고친다. 자체적으로 수정하고 고쳐 쓰는 과정이 시간이 꽤 걸린다(나도 그걸 잘 안다!). 당신도 그렇게 생각한다면, 글쓰기의 가장 매력적인 형태는 대화라는 것을 기억하라. 그래서 글이 조금이라도 맘에 들지 않으면 말하는 것처럼 써보라는 것이다.

멈춤을 수용하라.

강연을 직업으로 하는 사람으로써 나는 침묵에 익숙해지기까지는 몇 년간의 연습이 필요했다. 그것은 결코 쉽지 않았다. 하지만 멈춤을 효과적으로 사용하면, 사람들이 정말로 듣기 원하는 점을 강조할 수 있다. 또 다른 사람과의 대화 중에, 또는 그룹을 상대로 발표하는 경우 청중들 앞에서, 당신이 말하고 싶은 것을 분명하게 표현할 시간을 가질 수 있다. 사려 깊고 설득력 있는 사람은 침묵을 두려워하지 않는다.

우아함

아이디어나 통찰력을 보다 아름답고, 신중하고, 단순하고, 상대방이 이해할 수 있는 방법으로 설명한다.

제프 카프Jeff Karp는 자연의 우아함과 해파리에서 영감을 받은 과학자다. 보스턴 브리검 여성 병원(Brigham and Women's Hospital)의 생명공학자이자 하버드 의대 교수인 카프는 자연에서 받은 생물학적 영감을 이용해 모든 형태의 의학적 문제에 대한 새로운 해결책을 개발하는 연구에 집중하고 있다. 그의 이름을 딴 카프 연구소(Karp Lab)는 해파리 촉수에서 영감을 받아 암 환자 몸 안에서 자라는 종양 세포를 발견하는 장치를 개발했고, 고슴도치에서 영감을 받아 개량 외과용 스테이플을 개발하는 등의 혁신적 제품들을 개발했다.

카프의 연구가 자연의 우아함에서 영감을 찾는 데 초점을 맞추고 있듯, 아이디어를 설명하는 방법에도 같은 원리를 적용할수 있다. 단순함은 우리 자신을 표현하는 방식이 우아해지기 위한 가장 기본적인 속성이다. 불필요한 단어들을 없앨 때, 비로소아이디어의 정수만을 빼내 아이디어를 더 이해하기 쉽게 만들 수있기 때문이다.

더 우아하게 생각하는 세 가지 방법

짧게 요약한다.

단순함과 우아함은 서로 단짝이다. 아이디어를 표현하는 일에 있어서, 이것은 가능한 한 적은 단어를 사용하는 것을 의미한다. 또 무언가를 진정으로 이해했다면 그것을 하향 평준화하지 않고도 일반인들에게 쉽게 설명할 수 있어야 한다. 그것이야말로 당신이 전문지식을 갖추고 있다는 최고의 증거가 될 테니까.

시적인 언어를 사용한다.

시인들은 시를 쓸 때 감정과 의미를 표현하기 위해 은유법, 비유적 표현, 두운법 등 여러 도구들을 사용한다. 당신은 상투적 문구를 피하고 보다 호기심을 불러일으키는 언어를 사용하기 위해 어떻게 하는가? 모든 것이 '훌륭'(great)하거나 '멋질'(awesome) 필요는 없다. 하지만 '왜 시인들은 숨막힐 정도로 놀랍다'(breathtaking)거나, '기적적'(miraculous)이라거나, '나쁜 놈'(badass)이라거나, '무시무시하다'(formidable)거나 하는 표현을 쓰지 않을까? 인터넷 덕분에, 더 좋은 단어들을 쉽게 찾아볼 수 있다. 그런 단어들을 찾아보라.

세분화한다.

논쟁이나 복잡한 상황을 관련 구성 요소로 세분하면, 그것을 이해하고 다른 사람들에게 설명하는 데 도움이 된다. 예를 들어, 조종사들은 이륙하기 전에 어떤 단계도 빠뜨리지 않기 위해 상세 체크리스트를 사용하는데, 이는 복잡한 상황을 더 잘 이해하기 위한 우아한 해결책이다.

습관 실천하기

이 다섯 가지 주요 사고방식은 당신이 다르게 생각하고, 게으른 생각에서 벗어나 확실한 아이디어에 이르도록 도와줄 것이다. 이 사고방식을 사용하면, 당신이 읽은 이야기들, 당신이 보거나 듣는 미디어들, 그리고 당신이 하는 대화들 사이의 연결성을 더 잘 볼 수 있게 될 것이다. 또 당신이 다른 사람들보다 더 많은 통찰력을 가지고 있고, 다른 사람들이 놓치는 것을 볼 수 있다는 것을 알게 될 것이다.

당신이 이 다섯 가지 사고방식을 사용하는 습관을 갖게 되면, 이제 미래를 읽는 사고방식을 한 단계 더 발전시킬 준비를 해야 한다. 바로 흥미로운 아이디어와 트렌드의 패턴을 찾아내고 그것을 미래의 승리에 도움이 될 수 있는 통찰력으로 큐레이션하는 것이다. 다음 장에서는 건초더미 방법이라는 프로세스를 사용해 어떻게 큐레이션할 것인지에 대해 배울 것이다.

Chapter 2

뻔하지 않은 트렌드를 읽어내는 법

"미래를 예측하는 가장 확실한 방법은 현재를 이해하는 것이다."

—존 나이스비트JOHN NAISBITT,
미래학자이자 ≪메가트렌드≫의 저자

1982년, ≪메가트렌드≫라는 책이 정부, 기업, 그리고 사람들이 미래에 대해 생각하는 방식을 완전히 바꾸어 놓았다. 당신이 이미 짐작했겠지만, 이 책이 처음 출간된 이후 25년이 지난 뒤에야 처음 읽었지만 내게 큰 영감을 주었다.

저자인 존 나이스비트는 인류가 산업사회에서 정보사회로 진화할 것임을 가장 처음 예측한 사람 중 한 사람이었다. 그것도 인터넷이 등장하기 10년도 더 전에 말이다. 그는 또 우리 사회가 계층구조 사회에서 네트워크 사회로 전환될 것이며 세계경제가 부흥하리라는 것도 예측했다. 변명할 여지없는 미국식 낙관론이지만 나이스비트가 언급한 10가지 주요 변화 대부분이 그 책이 처음 출간되었던 시대를 훨씬 앞섰기 때문에 한 평론가는 그 책을 "수정 구슬에 버금가는 최고의 책"이라고 극찬했다. 전세계적으로 1,400만 부가 넘게 팔린 이 책은 지난 40년 동안 미래에 관한 베스트셀러로 꾸준히 인기를 끌고 있다.

나이스비트는 관찰력과 호기심의 힘을 믿는 사람으로 유명하다. 그의 친구들과 가족들은 인터뷰에서 그가 "사람, 문화, 조직에 대한 무한한 호기심을 가지고 있다"고 말한다. 심지어 그는 "미국 대중과학 잡지 〈사이언티픽 아메리칸〉(Scientific American)에서부터 불교 잡지 〈트리사이클〉(Tricycle)에 이르기까지 수백 개의 신문과 잡지를 본다"고 말한다.

나이스비트는 나이가 90세지만 여전히 아이디어를 모은다. 그는 "미래를 더 잘 예측하고 싶다면, 현재를 더 잘 이해하는 것부터 시작하라"는 말을 자주 했다.

그러나 안타깝게도, 현재를 이해하는 것은 쉽지 않다. 당신 주변의 모든 사람들이 현재를 멋지게 포장하는 말만 하는 경우 큰 그림을 보기 어렵다. 게다가 사람들은 미래에 대해 얘기할 때, 궁극적으로 일시적이고 무의미한 것을 설명하려는 함정에 빠지기 쉽다.

문제는, 대부분의 사람들은 무엇이 트렌드이고 무엇이 트렌드가 아닌지 잘 모른다는 것이다. 우선 트렌드의 정의부터 알아보자. 트렌드란 현재 가속화되고 있는 것에 대한 큐레이트된 관찰이다.

트렌드와 유행은 어떻게 다른가?

트렌드는 우리가 미래를 예측하고 우리의 행동과 생각을 변화시키는 데 도움을 준다. 그런데 문제는 소위 우리가 트렌드라고 말하는 것 중 상당수는 실제로는 단명하는 유행이라는 것이다. 트렌드와 유행의 경계선이 모호할 수 있다. 어떤 트렌드들은 현재 인기 있는 이야기나 문화적인 사건을 부각시키는 것처럼 보일 수 있지만, 트렌드란 일반적으로 시간이 지남에 따라 발전하는 행동과 믿음을 의미한다. 유행은 잠시 인기가 있지만 오래 가지 않는 것을 의미한다. 좋은 트렌드는 물론 당대의 어느 순간을 반영하지만, 그 순간은 결코 덧없이 사라지는 것이 아니며 트렌드 속의 기본 아이디어는 더욱 고취된다.

좋은 트렌드는 항상 인간의 근본적 행동이나 믿음의 변화에 초점을 맞춘다. 좋은 트렌드는 단지 하나의 흥미로운 이야기나 최신 제품이나 산업을 의미하는 것이 아니다.

예를 들어보자. 몇 년 전, 누군가 내게 3D 프린팅의 부상을 트렌드라고 생각하느냐고 물었다. 나는 아니라고 대답했지만, (3D 프린팅으로 만들 수 있는) 무언가를 만들고 싶어하는 사람들의 제조업 붐이 일어날 것인가는 지켜볼 가치가 있는 트렌드라고 생각했다.

미래를 예측하는 기술에서 흔히 듣는 한 가지 용어가 트렌드 추적이다. 이 용어는, 조류 관찰자가 조류 종을 관찰하고 분류하는 것처럼, 트렌드가 우리 눈에 보이기 시작했음을 시사한다. 트렌드를 추적하는 사람들은 흥미로운 이야기나 눈에 띄는 것들을 찾는 데 초점을 맞추는 경향이 있다.

트렌드 추적은 실제 트렌드를 파악하는 것과 다르다. 트렌드를 추적하면서 눈에 띄는 이야기들을 발견하는 데 초점을 맞추면, 그것이 의미하는 바를 더 넓은 맥락에서 이해하지 못한 채 단지 흥미로운 생각들을 모으는 데에만 치중하게 된다. 추적하는 많은 아이디어들을 실제 트렌드라고 보는 것은 매장 진열대에 있는 달걀, 밀가루, 설탕을 케이크라고 생각하는 것과 다를 바가 없다. 그런 것들은 재료에 불과하며, 케이크는 그런 재료를 사용해 구워야 하는 것처럼 진정한 트렌드는 의미를 갖도록 큐레이트되어야 한다.

트렌드 추적 신화는 트렌드를 파악하는 과정을 건초더미에서 바늘을 찾는 것과 같다는 생각을 하게 만든다. 건초더미 속의 바늘이라는 널리 사용되는 진부한 표현이 내가 트렌드를 큐레이팅하는 과정에 '건초더미 방법'이라는 이름을 붙이도록 영감을 주었다.

건초더미 방법

　건초더미 방법은 이야기와 아이디어를 수집하고 이를 이해하기 쉬운 그룹(건초)으로 분류한 다음 각 그룹을 분석해 그것이 근본적인 트렌드(바늘)가 될 것인지를 확인하는 프로세스다. 건초더미 방법은 다섯 단계로 이루어진다.

| 건초더미 방법 |

❶

수집
흥미로운 아이디어를 저장.

❷

취합
정보 집단을 정리 분석.

❸

격상
더 광범위한 테마를 파악한다.

❹

명명
우아한 설명을 곁들인다.

❺

증명
편견 없이 검증한다.

건초더미 방법: 1단계

수집

수집은 이야기와 아이디어들이 왜 흥미로운지를 기록하면서 그것들을 모으는 훈련된 행동이다.

매일 쏟아지는 미디어 홍수에서 가치 있는 소재를 구하는 가장 좋은 방법은, 나중에 검토할 수 있도록 가장 흥미로운 이야기를 저장하는 습관을 기르는 것이다.

이런 이야기들을 노트북이나 책상 위의 폴더, 모바일 앱에 저장하는 것이 가장 중요한 게 아니다. 그보다 더 중요한 것은 그 이야기에 흥미로운 내용이 있었다는 것을 언젠가 자신에게 상기시켜 줄 수 있어야 한다는 것이다. 그래야만 당신이 저장한 노트가 나중에 좀 더 유익하게 사용될 수 있기 때문이다.

상기시켜 주는 메모를 작성할 때 지켜야 할 원칙은 다음과 같다.

1. 통찰력에 집중한다. 책의 어떤 구절을 강조하는 메모는 별 효과가 없다. 기사나 아이디어에 대한 모든 것을 요약하려 하지 말고, 그 아이디어를 기억나게 하는 것, 즉 그것을 저장했을 때

당신이 느낀 통찰력에 초점을 맞춰라.

2. 라벨을 붙인다. 당신의 메모를 빨리 훑어볼 수 있게 하려면 '네모 박스'로 표시하라. 해당 기사나 아이디어를 선택한 이유를 상기시켜 주는 표시로 메모 옆에 네모 박스를 만들어 그 안에 키워드를 적는다. 예를 들어, 네모 박스 안에 큰 아이디어 또는 읽어야 할 책이라고 적는 식이다. 네모 박스를 사용하면 나중에 빠르게 찾을 수 있고 더 탐구하고 싶은 것들을 구분시킬 수 있다.

3. 관련성이나 적용할 곳을 파악한다. 아이디어를 저장할 때 기사의 아이디어와 기타 여러 콘텐츠들을 어떻게 적용할 것인지 생각한다. 지금 당장 몰라도 괜찮다. 하지만 만약 어떤 아이디어를 찾으면 잊지 않도록 잘 구분해 놓아야 한다.

메모 작성 가이드 다운로드:
www.nonobvious.com/megatrends/resources

사례: 특이한 아이디어 저장하기

몇 년 전 나는 토마토가 한 때 '독사과'로 알려지면서 1800년대에 유럽에서 공포의 대상이었다는 이야기를 읽었다. 토마토의 산성(酸性)이 당시 식기류의 납과 상호작용해 귀족들 사이에 치명적인 납 중독을 야기한다는 것이다. 그 이야기는 분명 현대의 이야기는 아니지만, 나는 그 이야기가 오늘날에도 무슨 관련이 될 수 있다고 생각하고 그 이야기를 저장했다. 몇 달 후, 내가 '계몽적 소비'(Enlightend Consumption)라고 이름을 붙인 2018년 트렌드를 쓸 때 그 토마토 이야기는 완벽한 오프닝 스토리로 제 몫을 톡톡히 했다.

아이디어 수집을 위한 3가지 팁

물리적 폴더를 준비하라.

내 책상 위에는 손으로 직접 쓴 아이디어, 잡지나 신문에서 오린 기사, 인터넷에서 뽑은 인쇄물, 회의 브로셔, 특별한 광고 인쇄물 등을 담아놓은 폴더가 있다. 물리적 폴더는 아이디어를 시각화하는 데 도움이 되며 아이디어를 큐레이트하는 방식의 기본적 요소로서의 역할을 다 하고 있다.

시간 계획을 세워라.

매년 발표하는 〈뻔하지 않은 트렌드 보고서〉의 제작 작업은 1월부터 시작된다. 1년 내내 나의 통찰력을 큐레이트해서 12월에 보고서를 발표한다. 1년 마다 발표하는 까닭에 내가 큐레이트하는 각각의 새로운 아이디어들에는 명확한 시작점과 끝점이 있다. 당신은 나처럼 엄격한 시간표를 따를 필요는 없지만, 당신의 노력이 헛되지 않도록 하려면 당신이 수집한 아이디어들을 검토하고 깊이 숙고하기 위한 구체적인 시간 계획을 세우는 것이 좋을 것이다.

결론이 아니라 개념을 추구하라.

저장해야 할 이야기와 아이디어를 판단할 때, 그 가치를 수량화하거나 그 이면의 통찰력을 이해하는 데 구애받지 마라. 때로는 아이디어나 기사를 모으고 저장한 후에는 그냥 다음 과제로 넘어가는 것이 좋다. 관점은 종종 시간의 흐른 뒤에야 나오기 때문에 패턴이 저절로 모습을 드러낼 때까지 인내하라.

취합

취합은 아이디어를 모아 분류함으로써 더 큰 테마를 발견하는 과정이다.

아이디어를 모은 다음에는 아이디어를 서로 연결하는 방법을 찾아야 한다. 다음은 아이디어 간의 유사성을 찾는 데 도움이 되는 몇 가지 질문들이다.

- 이 이야기들이 어떤 광범위한 그룹 또는 연령층을 대상으로 하는가?
- 이 이야기들에 나타나 있는 인간의 기본적인 요구나 행동은 무엇인가?
- 이 이야기들을 흥미롭게 만드는 요인은 무엇인가? 어떤 주제에 대한 사례인가?
- 이 이야기들이 설명하는 현상이 여러 산업에 어떤 영향을 미치는가?
- 이 이야기들을 흥미롭게 만드는 특성이나 요소는 무엇인가?

이 단계에서는 산업별 또는 제목별로 아이디어를 그룹화하지 말고, 인간의 동기부여나 더 넓은 주제를 바탕으로 아이디어와 기사를 취합하는 것이 필요하다. 목적은 아이디어와 이야기를 작은 그룹으로 구성해서 나중에 더 심층적으로 탐색하고 세부적으로 분석할 수 있도록 의미 있게 분류하는 것이다.

사례: 아이디어에서 관련성 찾기

작년에 나는 자폐증 직원을 고용하고 있는 회사들, 스타벅스가 청각장애인들로만 구성된 커피숍을 열었다는 것, 백반증(피부 탈색증) 모델을 더 많이 고용하고 있는 패션 잡지들, 그리고 다양한 인종을 광고 모델로 쓴 마케팅 담당자들에 대한 여러 이야기를 모았다. 그 이야기들은 여러 다른 종류의 산업 및 고객들과 관련이 있었지만, 나는 그 이야기들을 '다양성, 장애, 포용'이라는 보다 넓은 주제로 취합 분류했다. 백반증 패션모델들의 이야기는 2019년 보고서에서 '선망의 혁신'(Innovation Envy)이라는 트렌드를 설명한 장(章)에 포함되었고, 청각장애 바리스타들의 이야기는 '기업 공감'(Enterprise Empathy)이라고 명명한 그해의 트렌드 보고서에 실렸다. 이 이야기들 중 몇 가지는, 이 책 8장의 휴먼 모드(Human Mode) 메가트렌드에 다시 등장한다.

건초더미 방법에 관한 동영상 보기:
www.nonobvious.com/megatrends/resources

아이디어 취합을 위한 세 가지 팁

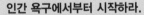

인간 욕구에서부터 시작하라.

이야기나 아이디어에 내재된 인간의 감정에 초점을 맞추면, 그 것이 왜 중요한지, 그리고 그것이 다른 사람들과 어떤 관련이 있는 지 이해하는 데 도움이 될 수 있다. 예를 들어, 어딘가에 소속되고 싶어 하는 인간의 기본적인 욕구가, 사람들이 소셜미디어에 자신의 이미지를 공유하거나 온라인 커뮤니티에 가입하게 하는 등, 사람들 의 온라인 참여 활동들을 부추기는 것이다.

이미 드러난 트렌드를 인식하라.

불확실한 미래를 보는 통찰력을 발견하는 길을 따라가다 보면, 이미 드러난 트렌드를 인식하고 그것을 따르는 것이 중요하다는 것 을 알 수 있다. 예를 들어, 기사와 이야기 사이에 이미 드러난 확 실한 트렌드의 공통분모를 찾아 이를 그룹화할 수 있다(예를 들면, '새로운 웨어러블 기술에 관한 이야기와 아이디어 그룹'). 이렇게 분류해 놓으면 나중에 그 이야기들 사이에 숨겨진 불확실한 미래를 보는 통찰력을 얻을 수 있다.

특이한 아이디어를 저장하라.

관찰력을 키우는 훈련을 하면, 그 이유를 분명하게 말할 수는 없어도 어쩐지 의미심장하게 느껴지는 이야기에 대한 직관이 발달 하기 시작한다는 것을 알게 될 것이다. 바로 그 직관을 받아들이고, 그런 느낌이 드는 이야기는 반드시 저장하라. 나중에 그 이야기의 중요성이 드러날 것이다.

건초더미 방법: 3단계

격상

격상은 한 아이디어 그룹을 형성하는 기본 주제를 찾아서 더 큰 단일 개념으로 설명하는 것이다.

건초더미 방법의 처음 두 단계를 완료하면, 아마 당신도 내가 매년 직면하는 것과 같은 문제에 직면하게 될 것이다. 바로 다루어야 할 주제가 너무 많다는 것이다. 만약 당신이 충분히 많은 이야기를 다루고 있다면, 그것은 정상적인 현상이지만 당신이 해야 할 일이 더 많아졌다는 신호다. 바로 그럴 때 이 세 번째 단계가 도움이 될 것이다.

격상의 목적은, 작은 아이디어 집단을 잠재적으로 더 크고 더 강력한 트렌드 주제를 설명하는 더 큰 아이디어 집단에 연결하는 것이다. 나는 다른 어떤 단계보다도 이 단계에서 획기적인 아이디어를 창출하는 법을 발견한다.

당신이 가지고 있는 아이디어 그룹을 격상시키기 위해서는 다음 질문을 고려하라.

- 이 아이디어 그룹에서 나의 관심을 가장 끈 것은 무엇인가?
- 내가 이전에 놓쳤을지 모르는 이야기들의 의미는 무엇이었는가?
- 이 이야기들이 공통으로 가지고 있는 더 넓은 주제는 무엇인가?
- 어떻게 하면 여러 산업의 이야기를 하나의 아이디어로 연결할 수 있는가?

이 세 번째 단계가 건초더미 방법에서 가장 어려운 단계가 될 수도 있다. 아이디어 집단을 결합하는 과정에서 의도치 않게 너무 광범위하거나 정의상 너무 큰 잠재적 주제로 그룹화할 수 있기 때문이다. 이 단계에서 목표는 많은 이야기를 종합하는 더 큰 아이디어가 무엇인지 찾는 것이다.

사례: 더 큰 주제 찾기

몇 년 전 나는 자동차 제조업체, 영화관, 소프트웨어 판매자들이 모두 구독 비즈니스 모델을 실험하고 있다는 기사를 읽었다. 그와 거의 같은 시점에 나는, 온라인 매트리스 판매업자부터 오리건주 포틀랜드의 도심에 있는 식품유통센터에 이르기까지 여러 회사에게서 자신의 제품과 서비스를 고객에게 제공하기 위해 특이한 아이디어를 사용하고 있음을 발견했다. 나는 이러한 주제를 더 큰 아이디어로 격상시켜, 2015년에 '혁신적 유통'(Disruptive Distribution)이라는 트렌드를 설명할 수 있게 되었다.

아이디어 격상을 위한 세 가지 팁

공통의 단어를 찾아라.

아이디어와 이야기 그룹을 검토할 때, 그들 간의 공통 주제를 드러
낼 수 있는 핵심 단어들을 찾아보라. 예를 들어, 내가 기업가정신과 관
련된 아이디어를 수집할 때, 기업가들을 위한 온디맨드(On Demand:공
급 중심이 아니라 수요가 모든 것을 결정하는 시스템이나 전략 등을 총
칭하는 말) 서비스의 생태계가 점점 더 커지고 있음을 설명하는 단어들
이 빠르게 계속 등장했다. 이 단어들은 내가 다양한 아이디어 조각들을
한데 모아 '절박한 기업가정신'(Instant Entrepreneurship)이라는 트렌드
를 파악하는 데 큰 도움이 되었다.

업종별로 통합하라.

나는 산업 분야별로 아이디어를 분류하는 것을 반대하는 신중한 사
람이지만 그럼에도 취합한 후에는 여전히 한 산업 분야에 초점을 맞춘
이야기 모음으로 끝나는 경우가 종종 있다. 이 경우, 나는 그런 아이디
어 집단과 결합시킬 다른 산업별 아이디어 집단을 찾는다. 그렇게 하면
더 크게 생각할 수 있고, 프로세스 초기 단계에서 의도하지 않았던 산업
편향을 제거하는 데에도 도움이 된다.

돈줄을 쫓아라.

때때로 트렌드를 주도하는 근본적인 동인은, 그 트렌드를 통해 누
가 어떻게 돈을 버느냐와 관련이 있다. 돈줄을 추적하면 새로운 연결을
만들 수 있을 것이다.

명명

이름을 붙이는 것은 수집된 아이디어를 접근하기 쉽고 기억에 남을 수 있는 방식으로 설명하는 기술이다.

트렌드에 이름을 붙이는 것은 자식의 이름을 짓는 것과 비슷하다. 이름을 잘못 지으면 평생 조롱거리가 되거나 옳다고 느껴지는 이름과 비교하게 된다. 하지만 멋진 이름은 간결하게 트렌드의 의미를 전달하고 오랫동안 기억에 남을 것이다. 트렌드에 이름을 얼마나 잘 붙이느냐에 따라 그 트렌드가 사람들의 마음속 깊이 간직되기도 하고 아니면 빠르게 잊혀지기도 한다. 내 두 번째 책 《호감이 전략을 이긴다》는 내가 2011년에 처음으로 트렌드로 정의했던 제목에서 영감을 받아 지은 것인데 빠르게 인기를 끌었다. 사람들은 자신이 좋아하는 사람들과 거래를 원하기 때문에 호감을 주는 것이 중요하다고 주장하는 이 책의 주제를 사람들은 즉각 이해했고, 그 제목은 사람들의 마음을 끌어들일 만큼 충분히 기발했다.

트렌드에 이름을 붙이는 과정이 건초더미 방법에서 가장 창의력을 요하고 시간이 많이 소요되는 부분이다. 이 작업을 잘 수행하려면 다음 질문을 고려하라.

- 그 이름은 이미 사용 중이거나 이해하기 쉬운 이름인가?
- 다른 사람과의 대화 중에도 크게 말할 수 있을 정도로 간단한가?
- 과도한 설명 없어도 이해되는 이름인가? 책의 제목으로 생각해도 좋은가?
- 이름에 포함된 단어들이 독특한가, 진부하지 않은가, 아니면 일반적인가?
- 예상치 못한 방식으로 주제를 설명해 주는가?

다음은 과거 보고서에서 사용한 내가 좋아하는 몇 가지 트렌드 이름들이다. 그 이름들의 개발과 선택에 관한 약간의 뒷이야기도 함께 소개한다.

사례: 이름을 붙이는 기술

가상 공감(VIRTUAL EMPATHY, 2016년+2018년). 가상 현실이 뜨거운 주제였던 시기에, 가상현실이 공감 의식을 증폭시킬 수 있다는 것이 기본 주제였다. 이 강력한 효과에 사람들의 관심을 이끌기 위해 가상

(virtual)이라는 용어 뒤에 현실(reality) 대신 공감(empathy)이라는 말을 연결시켰다.

복고에 대한 신뢰(RETROTRUST, 2019). 2019년에는 많은 사람들이 향수(nostalgia)를 이야기하며 과거를 아쉬워했다. 하지만 향수라는 단어는 너무 감정에 치우친다는 느낌이 들어 복고(retro)라는 단어를 사용하기로 결정했다. 복고가 신뢰(trust)라는 단어와 짝을 이루면 트렌드 이면의 단순한 아이디어를 잘 요약한다고 생각했기 때문이다. 단체나 기업에 대해 점점 더 회의적이 되어가는 세상에서, 사람들은 자신들이 과거에 알고 있던 회사와 브랜드를 더 신뢰하는 경향이 있다는 것이 2019년의 트렌드였으니까.

생산성 강박(OBSESSIVE PRODUCTIVITY, 2014년). 생명을 해치는 움직임으로 매 순간의 생산성을 높이는 방법에 대해 수많은 이야기를 쏟아내는 모습을 보고, 나는 그런 도구와 조언에 관한 관심이 강박과 맞닿아 있다는 것을 알게 되었다. 그런 트렌드의 이중성을 설명하기 위해, 사람들이 부정적으로 생각하는 단어인 강박(obsessive)과, 긍정적이라고 생각하는 단어인 생산성(Productivity)를 조합했다.

트렌드에 이름을 붙이기 위해 나는 많은 가능성을 시도했다. 우선 이름 후보들을 스티커 용지에 적어서 옵션들을 나란히 비교해 보았다. 또 초기 독자와 고객들을 상대로 그 이름들을 테스트해 보았다. 그렇게 철저한 조사를 거친 후에야 비로소 그해 보고서 트렌드의 이름을 확정한다.

아이디어에 이름을 붙이기 위한 3가지 팁

단어들을 매쉬업 한다.

매쉬업은 두 단어 또는 개념을 의미 있는 방식으로 결합하는 것을 말한다. 《호감이 전략을 이긴다:Likeonomics》는 호감도(likeability)와 경제학(economics)이 매쉬업 된 것이다. 하지만 이 기술은 트렌드의 이름을 독특하면서도 기억에 오래 남게 할 수 있지만, 예술적으로 세심하게 이루어지지 않으면, 억지스럽고 인위적으로 느껴질 수 있다. 내가 《호감이 전략을 이긴다》(Likeonomics)를 트러스트노믹스(Trustonomics)라고 이름을 붙이지 않은 이유다. 최고의 매쉬업은 발음하기 쉽고 실제 단어와 최대한 가깝게 들려야 한다.

두운을 살린다.

두운을 잘 쓰면 코카콜라(Coca-Cola)나 크리스피 크림(Krispy Kreme)처럼 기억에 오래 남는 영구적 이름을 만들어 낼 수 있다. 같은 자음으로 시작하는 두 단어를 사용하는 것은 내가 '혼돈의 남성성'(Muddled Masculinity)(2019)과 '혁신적 유통'(Disruptive Distribution)(2015)이라고 이름을 붙였던 트렌드에 적용했던 기술이다. 그러나 서로 어울리지 않는 두운의 단어를 합치면 두운이 억지스럽게 느껴질 수 있으므로 주의 깊게 사용할 것.

약간의 변화를 준다.

뻔한 문구나 흔히 사용되는 용어를 사용하면서도 거기에 작은 변화를 가하면, 전혀 뜻밖의 눈에 띄는 이름을 지을 수 있다. 내가 좋아하는 예 중 하나는 '불완전성'(Unferfection)(2014년)이라고 이름을 붙인 트렌드인데, 기존의 '미비함'(imperfection)이란 단어를 새로움과 다른 느낌이 나도록 잘 표현한 신조어다.

건초더미 방법: 5단계

증명

증명은 데이터, 이야기, 대화를 추적해 아이디어들이 명실공히 트렌드로 일컬어질 수 있는지를 검증하는 작업이다.

트렌드 같이 큐레이트된 주관적 아이디어가 증명되어야 한다는 것은 지나친 생각일 수 있다. 비록 여기서 이 단계를 설명하기 위해 '증명'(proving)이라는 용어를 사용하지만, 실제로 정확하게 말하자면 우리의 통찰력과 결론을 '검증'(validating)한다고 말하는 게 맞을 것이다.

우리 팀은 이 단계에서, 트렌드의 핵심 아이디어, 트렌드가 미친 영향, 그리고 얼마나 빨리 진행되었는가(가속화)라는 세 가지 핵심 요소의 틀을 사용해 트렌드를 평가한다. 트렌드가 시간 경과에 따라 지속될지 여부를 확인하기 위해, 다음 질문에 답하면서 세 가지 핵심 요소를 면밀히 조사한다.

트렌드 요소	유용한 질문
1. 핵심 아이디어. 좋은 트렌드 아이디어는 문화, 산업, 행동의 특별한 변화가 지나치게 단순하다는 느낌이 들지 않으면서도 간결한 방식으로 의미 있게 표현된다.	➡ 아이디어가 돋보일 만큼 충분히 독특한가? ➡ 이 트렌드 아이디어와 관련된 연구를 발표한 사람이 있는가?
2. 영향. 좋은 트렌드는 사람들로 하여금 행동을 바꾸게 하거나, 자신들의 회사가 판매하는 것과 판매하는 방식을 그 트렌드에 적응하도록 이끈다.	➡ 미디어들이 그 트렌드가 사람과 기업의 행동을 변화시키고 있음을 시사하며 그런 트렌드의 사례를 찾기 시작하고 있는가? ➡ 그 트렌드에 초기에 반응하는 스마트한 기업들이 어떤 식으로 그 트렌드를 채택하고 있는가?
3. 가속화. 좋은 트렌드는 일반적으로 기업, 소비자, 사회적 행동에 빠른 속도로 영향을 미치며 성장의 징후를 보인다.	➡ 여러 산업에 걸쳐 그 트렌드에 대한 사례가 발생하고 있는가? ➡ 그 트렌드가 예측 가능한 미래에 지속될 가능성이 있는가?

검증 단계에서 컷을 통과하지 못하는 몇 가지 트렌드 아이디어를 발견하게 될 것이다. 그런 트렌드들은 과감히 버린다. 잔인하다는 생각이 들 수도 있지만, 생각을 버리는 것은 당신의 통찰력을 더 잘 다듬는 데 도움이 될 것이다.

아이디어 검증을 위한 세 가지 팁

다양성에 초점을 맞춰라.

트렌드를 평가할 때 사람들이 저지르는 가장 큰 실수 중 하나는, 단일 산업에서의 이야기나 사례에 집중하는 것이다. 트렌드가 기업이 어떻게 사업을 수행하고 소비자가 어떻게 행동하는지를 설명하는 것이라면, 그것은 여러 산업의 사례에 의해 뒷받침되어야 한다.

편견을 주의하라.

업계나 기업에 도움이 되는 트렌드를 찾기 위한 의도로 트렌드 큐레이션 프로세스를 시작하는 것만큼 판단을 흐리게 하는 것은 없다. 지나치게 단순화되거나 잘못된 트렌드는 대부분 이런 잘못된 의도에서 비롯된다. 트렌드를 찾는 것은 자신의 이익을 도모하려는 것이 아니다.

권위 있는 자료를 사용하라.

당신의 트렌드 아이디어를 뒷받침하는 권위 있는 자료를 찾을 수 있다면, 검증 과정에서 더 나은 결과를 얻을 수 있을 것이다. 이것은 신뢰할 만한 미디어, 기관, 학술단체에서 이야기를 수집해야 한다는 것을 의미한다.

'조작된 중독' 큐레이팅

이제 건초더미 방법의 5단계를 배웠으니, 우리 팀이 과거의 보고서인 '조작된 중독'(Engineered Acception)에서 한 트렌드를 어떻게 큐레이트했는지 분석함으로써 그 과정을 실습해 보자.

1단계

수집

2014년 4월 나는 미국 월간지 〈롤링 스톤〉(Rolling Stones)에서 동 응우옌 Dong Nguyen이라는 베트남 남자의 이야기를 읽었다. 그는 플래피 버드(Flappy Bird)라는 정말로 단순한 모바일 게임을 만들어 하루 아침에 유명인이 되었다. 그 게임은 빠르게 퍼져 나갔지만 그는 수천 명의 사람들이 그 게임에 중독되어 시간을 낭비하고 사람들과의 관계도 끊으며 심지어는 직장까지 잃는다는 기사를 잃고 죄책감에 사로잡혔다. 결국 응우옌은 자발적으로 그의 게임을 인터넷에서 삭제했고 그 게임은 바로 사라졌다. 내가 그 이야기를 처음 읽었을 때, 나는 그것이 중요한 이야기임을 직감했고 그 기사를 내 노란색 폴더에 저장했다.

몇 달 후 나는 또 ≪훅≫(Hooked, 리더스북, 2014)이라는 책을 읽었는데, 이 책은 실리콘 밸리의 제품 디자이너들이 어떻게 반복적 행동을 유발하는 제품을 만드는지를 탐구한 책이었다. 이것은 응우옌이 의도치 않게 했던 일을 완벽하게 설명하는 것처럼 보였다. 나는 그 책도 저장했다.

2단계

취합

내 폴더에 있는 아이디어를 취합하기 시작하면서, 나는 그 이야기들이 어떤 중독적 행동 유형에 초점을 맞추고 있음을 알았다. 플래피 버드 이야기는 중독을 초래한 게임 디자인에 관한 이야기였고, ≪훅≫은 중독성 있는 제품을 만드는 것에 관한 이야기였다. 나는 이 두 가지 아이디어를 취합해, 인터페이스 디자인이 이런 중독적인 경험을 만들어내는 데 어떤 역할을 하고 있는 것 같다는 데에 초점을 맞췄다. 나는 이 이야기들을 선별하고 검정 마커로 '중독성 디자인'(Addictive Design)이라고 쓴 색인 카드를 붙였다. 그 말은 그 주제에 대한 나의 첫 설명이자, 향후 그 트렌드가 어떻게 될지에 대한 추측이기도 했다.

격상

언젠가 한 걸음 뒤로 물러나 그동안 취합된 초기 주제 목록을 살펴보면서, 몇몇 다른 주제들이 '중독성 디자인'과 관련이 있는 것처럼 보였다. 그중 하나가 게임을 만드는 기술을 사용해 모든 연령대의 사람들이 새로운 기술을 배울 수 있도록 도울 수 있다는 이야기 그룹이었다. 그 이야기 그룹에는 '게임화 학습'(Gamified Learning)이라는 색인 카드를 붙여 놓았었다. 또 다른 주제는 스낵이 어떻게 만들어져서 많은 사람에게 중독감과 비슷한 '지복점'(bliss point, 至福點)을 제공하는지를 폭로한 ≪소금 설탕 지방≫(Salt Sugar Fat)이라는 책에서 영감을 받은 이야기들이었다. 나는 그 책을 읽고 사람들에게 인기 있는 유혹적인 음식에 관한 기사를 몇 개 모았는데, 그 카테고리에는 '거부할 수 없는 음식'(Irresistible Food)이라는 색인 카드를 붙여 놓았었다.

나는 이 세 가지 독특한 아이디어(중독성 디자인, 게임화 학습, 거부할 수 없는 음식)을 격상시켰다. 이 아이디어들은 경험과 제품이 어떻게 의도에 의해 중독성이 생기게 되는지를 설명하므로 트렌드의 요소가 될 수 있다. 그리고 이 격상된 아이디어를 한데 모아 '만연한 중독'(Ubiquitous Addiction)이라는 새 색인을 붙였다.

4단계

명명

이 아이디어들을 더 검토하면서 나는 '중독성 디자인'과 '게임화 학습'이란 말은 주제를 설명하기에는 너무 좁다고 생각하고 이 말을 버렸다. '만연한 중독'이라는 말은 입에서 잘 돌지 않았고, 또 더 많은 사람이 더 많은 것에 중독되고 있다는 것을 암시하는 것처럼 보였는데, 이는 트렌드를 정확히 설명하는 말이 아니었다. 더 나은 이름에 대한 마지막 영감은 베스트셀러 작가 니르 이얄Nir Eyal이 자신을 '행동 기술자'(behavioral engineer)라고 묘사한 글에서 얻었다. 중독을 조작한다는 말이 트렌드를 묘사하는 데 더 적합해 보였고, 결국 '조작된 중독'이 트렌드 이름이 되었다.

5단계

증명

개념과 이름의 타당성을 테스트하기 위해, 나는 우리 팀의 도움을 받아 더 깊이 연구했다. 우리는 소셜미디어 중독에 관한 하버드대학교 연구를 조사했고, MIT 인류학자 나스타샤 다우 슐

Natasha Dow Schull의 연구를 읽었다. 그녀는 라스베이거스 슬롯머신의 중독적 설계에 대한 현장 연구를 15년 이상 한 사람이다. 마지막으로, 독점고객 워크숍에 참여해 트렌드에 대한 대략적인 개념을 공유하고 초기 피드백을 사용해 아이디어를 다듬고 추가적으로 검증했다. '조작된 중독'은 그해의 주요 트렌드 중 하나였고, 곧 온라인에서 가장 많이 거론되는 트렌드 중 하나가 되었으며, 현재까지도 온라인상에서 그에 관한 대화가 계속 이루어지고 있다.

장래의 혼란 피하기

이 시점에서 트렌드 예측이 허튼소리가 될 수 있는 위험한 가능성에 대해 경고의 말을 나누지 않을 수 없다. 오늘날 우리는 타당한 이유로 예측이 곧잘 어긋나는 세상에 살고 있다. 경제학자들은 글로벌 경기침체의 원인이 되는 정책들을 예측하지 못한다. 텔레비전 기상전문가들은 오지도 않는 비를 온다고 예측한다. 경제 트렌드를 예측하는 사람들은 그저 눈을 껌벅이며 불 보듯 뻔하거나 전혀 불가능해 보이는 예측을 입에 담는다.

트렌드 보고서의 첫 판을 쓰면서 나는 저널리스트 댄 가드너 Dan Gardner의 ≪′미래의 혼란≫ (Future Babble)이라는 책을 읽었다. 미래에 대한 우리의 강박 관념에 관해 쓴 책이다. 그는 20년 동안 정치학자, 경제학자, 언론인 등 많은 전문가를 인터뷰한 심리학자 필립 테틀록Philip Tetlock의 연구를 소개하고 있다. 테틀록은 2만 7,450개에 달하는 전문가들의 미래 예측을 수집하고 검증 가능한 데이터를 바탕으로 분석한 결과, 전문가의 예측이 무작위 추측보다 더 정확하지 않다는 것을 알았다. 가드너는 책에서 이렇게 결론을 내리고 있다. "적어도 50%의 전문가들은 항상 틀리는 것 같다. 다만 50%가 누구인지를 가리기가 어려울 뿐이다."

테틀록은 최악의 예측을 한 전문가들을 '고슴도치'라고 묘사했다. 그들은 자신감이 지나쳐 종종 거만하고, 자신들의 잘못된 예측을 '거의 옳다'고 정당화하며, 변하지 않는 큰 생각에만 매달려 있다는 것이다. 반면 미래를 예측하는 능력에 대해 겸손한 전문가들은, 불확실성을 인정하고 자신에 대해 비판을 수용하며 자신의 예측이 틀릴 수 있다는 것을 잘 알고 있었다는 것이다. 테틀록은 그런 사람들을 '여우'라고 묘사하면서, 그들은 많은 정보 자료를 취합하고, 그들이 공유하는 예측에 대해 신중하고, 예측을 공유할 때 겸손함을 유지하는 능력이 있는 사람들이라고 구분했다.

가드너와 테틀록은 한 가지 중요한 점을 밝히고 있다. 바로 트렌드를 큐레이트하는 능력을 연마하려면, 당신도 가끔은 틀릴 수도 있다는 생각을 받아들여야 한다는 것이다. 여우는 불확실성을 인정하고 자신이 무오류가 아님을 잘 안다고 했던가? 나는 내가 종종 틀린다는 것을 잘 알고 있다. 단언컨대 당신도 그럴 것이다.

미래를 읽는 사고방식이 중요한 이유

전설적인 영화 제작자 사무엘 골드윈Samuel Goldwyn은 이렇게 말했다. "미래에 대해 예측하는 것은 바보짓일 뿐이다." 그가 옳다는 것이 수없이 증명되었다. 이 책은 적어도 어느 정도는 미래에 관한 책이며, 오늘날처럼 별로 친절하지 않을 것으로 예상되는 시기에 대한 10가지 예언을 담고 있다.

다음에 무슨 일이 일어날지 예측하기 위한 이 모든 작업이 과연 수고할 만한 가치가 있는 것일까? 그냥 현재에 초점을 맞추고, 부딪치는 변화에 가능한 한 빨리 적응하려고 노력하는 것이 더 낫지 않을까?

하지만 미래를 예측하기 위해 불확실한 미래를 읽는 사고방식을 하나둘 배우다 보면 소중한 부수적 효과도 있다. 바로 당신의 호기심과 관찰력을 길러주고, 당신 주변 세상을 이해하도록 해준다는 것이다. 건초더미 방법은 트렌드를 큐레이션하는 것뿐만 아니라, 산업 간의 관련성을 찾고 편협한 사고의 함정을 피할 수 있도록 도울 것이다. 그런 정신적인 변화야말로 이 장에 설명된 프로세스를 실제 사용함으로써 얻을 수 있는 최고의 이익이 될 것이다.

오스카 와일드Oscar Wilde는 "예상치 못한 것을 예상하는 것이야말로 완전히 현대적인 지성이다."라고 썼다. 불확실한 미래를 읽는 사고방식은, 다른 사람들이 놓치는 것을 알아차리고, 생각을 다르게 하고, 점점 빠르게 변화하는 현재를 새롭고 독특한 방식으로 설명하기 위한 아이디어를 규레이트 함으로써, 당신이 이런 종류의 현대적 지성을 형성하도록 돕는 것에 관한 것이다.

다음 장에서는 이 불확실한 미래를 읽는 사고방식과 아이디어 큐레이팅을 어떻게 활용할 것인지를 보여줄 것이다. 당신의 목표가 더 많은 돈을 버는 것이든, 새로운 사업을 시작하는 것이든, 경력을 발전시키는 것이든, 미래의 성공적 승리를 위해 미래를 읽는 사고방식을 활용하는 방법을 3장에서 확실히 알게 될 것이다.

트렌드는 내게 어떻게 돈이 되는가?

"트렌드란 곧 실현될 이익이다."

—마틴 레이몬드MARTIN RAYMOND,
≪트렌드 예측 교본≫(The Trend Forecaster's Handbook)

약 10년 전부터 전세계의 바텐더들은 제네럴 밀스General Mills의 시나몬 토스트 크런치(Cinnamon Toast Crunch) 시리얼 그릇 바닥에 남겨진 우유 같은 맛이 나는 특이한 알코올 음료를 제공하기 시작했다. 이 음료의 배후에는 주류회사 짐빔Jim Beam의 마케팅 임원이었던 톰 마스Tom Maas가 있었다. 마스는 수년 동안 라틴 아메리카의 전통 음료인 오르차타(horchata)를 기본으로 한 크림 리큐어(cream liqueur)를 개발하기 위한 연구를 해왔다. 영감을 받은 것을 기념하여 럼차타(RumChata)라는 이름이 붙여진 그의 새로운 리큐어(과일이나 곡류를 발효 시킨 술에 향신료를 가미한

혼성주 - 역주)는 부드러운 럼주에 생크림과 계피나 바닐라 같은 향신료를 섞은 것이었는데, 즉각 히트를 치진 못했다.

그러나 이 음료를 아침 시리얼에 비유한 독특한 홍보가 시장을 돌파하는 데 도움이 되었다. 이 칵테일 음료가 판매의 탄력을 받기 시작하자, 한 평론가는 그 음료를 이렇게 평가했다. "퇴폐적인 술을 원하지만 술 마시고 뺨을 맞고 싶지 않은 사람에게 완벽한 선택이다."

2014년이 되자, 독창적인 홍보와 전세계 바텐더들의 호응을 등에 업은 럼차타는 10억 달러에 달하는 미국 크림 기반 리큐어 시장에서 5분의 1의 시장 점유율을 차지하게 되었다. 일부 지역에서는 오랜 기간 동안 업계 분야의 리더였던 디아지오(Diageo)의 베일리스 아이리쉬 크림(Baileys Irish Cream)의 판매량을 뛰어넘기 시작했다. 2019년에는 럼차타가 유튜브 채널에서 3600만 건 이상의 조회수를 기록하며 소셜미디어에서 가장 인기 있는 주류 브랜드 중 하나가 되었다. 오늘날 업계 전문가들은, 이 음료가 희석 음료와 레시피 재료로 인기를 끌었다고 해서, 경계를 넘은 게임체인저(경영 측면에서 기존시장의 흐름이나 판도를 뒤바꿔 놓을 만한 혁신적 역할을 한 사람이나 기업, 제품 등을 이르는 말)로 간주하고 있다.

럼차타는 관찰의 힘과 소비자 행동 및 트렌드에 대한 이해가 결합되어 이루어진 성공의 한 사례다. 돌이켜 보면, 럼차타의 인기는 세 가지 문화 트렌드로 설명될 수 있을 것이다.

1. 흥미로운 뒷이야기가 있는 진정상품(authentic products)에 대한 소비자의 욕구가 증가하고 있다.
2. 텔레비전에서 음식 오락 프로그램이 유행하면서 가정 요리와 칵테일 블렌딩에 더 많은 창의력을 불어넣고 있다.
3. 라틴 아메리카 문화와 유산에 대한 관심이 미국 전역에서 증가하고 있다.

물론, 이런 현상들이 모두 연결되어 있다는 것은 쉽게 볼 수 있다. 그러나 급변하는 우리 주변 세계에서 이런 요소들을 쉽게 볼 수 있다 하더라도, 그런 요소들의 실질적인 가치를 항상 즉시 이해하는 것은 아니다. 이런 가치를 깨닫는 데에는 단순히 트렌드를 발견하고 설명하는 것 이상이 필요하다. 가장 가치 있는 트렌드는 행동을 고무시키는 트렌드다.

교차적 사고방식(INTERSECTION THINKING)

트렌드는 당신이 기존 제품 라인을 포기해야 한다거나, 아직 성과가 나타나지 않은 방향으로 계속 나아가야 한다는 신호를 주는 것일 수 있다. 또는 새로운 기술을 배우는 데 경력의 초점을 맞춰야 한다고 제안할 수도 있다. 당신이 그런 신호를 받거나 그런 결론에 도달하는 힘을 주는 것이 바로 교차적 사고방식이다. 교차적 사고방식은 서로 관련이 없는 산업에서 나오는 이질적인 개념과 믿음을 연결해 새로운 아이디어나 제품을 만들어 내는 방식을 말한다.

교차적 사고방식을 효과적으로 수행하기 위한 다음 네 가지 방법이 있다.

1. 유사성을 찾아라
2. 우연히 발견된 아이디어를 수용하라
3. 낯선 곳으로 들어가라
4. 편견을 점검하라

교차적 사고방식: 방법 #1

유사성을 찾아라

코카콜라의 임원을 지낸 제프 던Jeff Dunn은 2008년에, 2인치(5cm) 길이의 아기 당근을 만들어 미국의 당근 소비를 두 배로 증가시키며 당근 산업을 재창조시킨 수십억 달러 가치의 농업회사 볼트하우스 팜스(Bolthouse Farms)의 사장으로 자리를 옮겼다. 그러나 불행하게도 던이 사장으로 취임한 시기에 표준 당근과 아기 당근 모두 판매 부진에 빠지자, 던은 광고회사 크리스핀 포터 보거스키(Crispin Porter Bogusky, CPB+)에 도움을 청했다.

CPB+는 아기 당근과 정크푸드가 얼마나 많은 공통점을 가지고 있는지 알고는 깜짝 놀랐다. CPB+의 크리에이티브 디렉터 오미드 파랑Omid Farhang은 이렇게 말했다. "아기 당근에 대한 진실은, 우리가 좋아하는 정크푸드의 분명한 특징들을 많이 가지고 있다는 것입니다. 색상도 네온 오렌지색이고, 아삭아삭한데다가, (소스에)찍어먹기 좋고, 중독성이 있다는 것까지 말입니다."

이 같은 통찰력을 바탕으로 CPB+는 소비재회사의 마케팅 전술에서 영감을 얻어 '당근 먹기를 정크푸드처럼'(Eat'Em Like Junk Food)이라는 광고 캠페인을 만들었다. 캠페인 테스트 시장에서 매출이 즉시 10% 이상 치솟았다. 파랑의 팀이 이러한 통찰력을 이끌어낼 수 있었던 것은, 이전에 한 산업(스낵 식품)에서 성공했던 전술을 변형시켜 다른 산업(농업)에 적용할 능력이 있었기 때문이다. 이것은 유사성에 초점을 맞춘 사례일 뿐 아니라 교차적 사고방식의 힘을 적용한 완벽한 사례다.

교차적 사고방식: 방법 #2

우연히 발견된 아이디어를 수용하라

1980년대 중반, 밀라노의 한 호텔 산책길에서 세계에서 가장 사랑받는 브랜드 중 하나가 될 아이디어가 탄생했다. 하워드 슐츠는 스타벅스를 대표해 무역 박람회에 참석하고 있었다. 당시 스타벅스는 가정용 고급 양조 장비를 공급하는 회사였다. 컨벤션으로 가는 길에, 슐츠는 수많은 이탈리아 에스프레소 커피숍을 보고 충격을 받았다. 이 커피숍들은 사람들에게 집도 직장도 아닌 제3의 모임 장소를 제공해 주고 있었다. 그는 시애틀로 돌아오자마자 스타벅스의 소유주들을 설득해 시애틀에 비슷한 소매 커피숍을 차렸다. 몇 년 후에 그는 아예 그 브랜드를 사들였고 그것을 글로벌 브랜드로 만들었다.

스타벅스의 성장은 괄목할 만한 것이지만, 내가 가장 고무적이라고 생각하는 것은, 슐츠가 다른 사람이라면 그냥 지나쳤을 그 우연한 순간을 놓치지 않고 어떻게 그 사업을 시작했는가 하는 것이다. 우연한 아이디어들은 종종 자신과 무관하고 주의를 산만하게 만드는 것으로 보여 놓치기 쉽다. 그러나 진실은 그런 것들도 때로는 성공 가능성이 있다. 문제는 그런 아이디어들이 어느 쪽이 될 것인지 확실치 않다는 것이다. 당신이 우연한 기회를 열

수 있는 유일한 방법은 그 산만함을 전략적으로 환영하는 것이다.

교차적 사고방식: 방법 #3

낯선 곳으로 들어가라

미디어 선택의 폭이 점점 넓어지고 있는데도 우리는 늘 같은 쇼를 보고, 같은 웹사이트를 방문하고, 같은 잡지와 신문을 읽는 경향이 있다. 우리는 익숙한 것에서 위안을 찾기 때문이다. 하지만 그렇게 하지 않는다면? 그러면 어떻게 될까?

1장에서, 나는 반드시 자신의 전문 분야가 아닌 잡지를 읽는 즐거움을 언급했다. 그것은 당신이 낯선 세상에 관심을 기울이기 위해 선택할 수 있는 많은 방법들 중 하나다. 또 다른 방법은 가까운 곳이든 비행기를 타고 가야 할 만큼 먼 곳이든, 일부러 특이한 목적지를 찾아 다니는 것이다.

낯선 곳을 다닌다는 것은, 늘 차를 몰고 가는 가까운 식당에 가더라도, 다른 길로 가거나 차 없이 걸어가보는 것을 의미한다. 또 먹어보지 못한 귀뚜라미 밀가루로 만든 쿠키를 먹어보는 것을 의미한다. 또 당신이 여러 번 그냥 지나쳤던 벽화를 자세히 보기 위해 멈춰서는 것을 의미한다. 낯선 것은 우리의 마음을 열고 우리가 더 혁신적이 되도록 돕는다. 낯선 곳을 돌아다니는 것은 특별히 주제를 제한하지 않고 많은 경험들에 접근할 수 있도록 돕는다.

교차적 사고방식: 방법 #4

편견을 점검하라

나는 항상 도시에서 살아왔다. 도시에 사는 다른 많은 사람들처럼, 나는 도시에 살지 않는 사람들을 이해하기가 힘들었다. 나는 속으로 시골 사람들은 덜 문화적이고 덜 다양하며, 덜 개방적이라고 생각했다. 그러나 어느 날 저녁 마침내 내가 틀릴 수도 있다는 것을 깨달았다.

2015년 11월 말, 나는 영화 〈헝거게임〉(Hunger Games)의 마지막 편을 보았다. 극장에서 나오면서 나는 내가 좋아하는 다른 공상과학 영화와 TV 쇼인 〈스타워즈〉(Star Wars), 〈매트릭스〉(The Matrix), 〈왕좌의 게임〉(Game of Thrones)에 대해 생각했다. 이 영화들은 한 가지 주목할 만한 공통점을 가지고 있었다. 그 영화에서는 대개 상대적으로 교육을 받지 못한 영웅적이고 평범한 사람들이 등장해, 억압적이고 거만한 지배계급인 지식인들과 싸우고 있다는 것이다. 이 이야기들에서 시골 사람들은 선한 사람들이고 도시 사람들은 악당들이었다. 그 순간, 나는 단지 사람들이 사는 곳에 근거해 편견을 가지는 것이 얼마나 불합리한 일인지 깨달았다.

세상은 우리가 믿는 안전함을 고집하도록 여러 가지 방법으로 공모한다. 물론 우리는 그것을 인정하고 싶지 않겠지만 말이다. 소셜미디어의 알고리즘은 우리가 동의하는 이야기를 앞에 올려놓는다. 웹 사이트 쿠키는 우리가 보려고 하는 것이나 사려고 하는 것을 예측한다. 양극단으로 갈라진 정치인들은, 누군가가 틀려야 내가 옳을 수 있고, 나와 의견이 다른 사람들은 적으로 취급되어야 한다고 주장한다.

우리가 우리 마음을 바꿀 만큼 용감할 수 있다면 어떨까? 우리가 설득력 있는 사람이 될 수 있다면 어떨까? 우리가 어떤 설득력 있는 주장을 들을 때, 비록 우리가 동의하지 않는다 해도 다른 방식으로 세상을 보는 누군가가 바보가 아닐 수 있다는 가능성을 허용한다면 어떨까? 어떤 관점은 우리 자신과 너무 모순되어 어떤 차원에서든 정당화하기 어렵다고 생각되기도 한다. 하지만 열린 마음으로 우리와 다른 관점을 고려할 수는 있다. 우리 자신을 다른 사람들의 입장에 놓고, 그들의 뒷이야기와 행동의 이유를 상상해 본다면, 우리는 새로운 각도에서 세상을 볼 수 있다.

이런 관점에서 이 책을 읽기 위한 새로운 방식

1부의 첫 두 장은 불확실한 미래를 읽는 사람이 되는 데 필요한 사고방식과 자신의 아이디어를 큐레이션하고 자신만의 트렌드 통찰력을 개발하기 위한 단계별 방법에 초점을 맞췄다. 3장에서는 교차적 사고방식을 통해 아이디어 간의 연관성을 찾고 이를 사용해 새로운 기회를 찾을 수 있다는 제안으로 시작했다. 이제 이러한 통찰력을 가지고 어떻게 실행에 옮길지에 초점을 맞출 때가 되었다. 시작하기 전에 이 장의 나머지 부분을 읽기 위한 다른 방법을 제안하고자 한다. 이 방법은 적용하려는 통찰력을 이미 가지고 있을 때 가장 유용하다. 따라서 당신이 이미 통찰력을 가지고 있다면 계속 읽어 나가면 된다. 그렇지 않다면 지금 바로 2부로 건너가 거기에 설명된 메가트렌드를 한두 개 읽어본 다음 다시 이곳으로 돌아와 그것들을 적용하기 위한 모델을 학습할 수 있을 것이다.

다른 미디어 채널과 달리, 책의 묘미는 이처럼 쉽게 왔다 갔다 할 수 있다는 것이다. 이제 원한다면 2부의 메가트렌드로 가도 좋고 여기 남아 계속 읽어도 좋다. 선택은 당신 몫이다.

여기 남아서
계속 읽는다

2부 향후 10년
메가트렌드로 이동한다

트렌드 통찰력을 활용하기 위한 5가지 팁

계속 읽기를 선택했든, 메가트렌드를 다녀오셨든, 어서 오시라! 이제 트렌드를 활용하는 방법에 대해 살펴보자.

트렌드 실천 가이드: 트렌드 활용을 위한 5가지 팁

고객을 참여시킨다
판매를 늘리고
고객 충성도를 높인다.

이야기를 공유한다
보다 적절한 마케팅 및
영업 메시지를 구사한다.

전략을 진화시킨다
혁신을 수용하고
미래를 준비한다.

문화를 강화한다
직원 참여와
채용 방법을 개선한다

경력을 개발한다
개인 브랜드를 구축하고
높은 평판을 구축한다.

고객을 참여시켜라

트렌드를 이해하고 활용해 고객을 끌어들이는 방법을 개선하기 위해서는 고객의 행동을 보다 정확하게 파악해야 한다. 이를 위한 한 가지 유용한 도구가 고객 이동 경로 맵이다. 이것은 일반 고객이 제품 또는 서비스와 상호 작용할 때 겪게 되는 단계를 보여주는 도표다.

 고객 이동 경로 맵 템플릿 다운로드:
www.nonobvious.com/megatrends/resources

고객 이동 경로를 그려보면, 그들이 언제 어디서 트렌드에 참여하는지 이해함으로써 그들의 경험을 개선하고 충성도를 얻을 수 있다.

사례연구: 전략적 기획(2019)

트렌드

기업, 업계, 광고회사 크리에이터들이 고객의 관심을 끌고 참여를 유도하기 위해 규모가 큰 이벤트를 유치하는 경향이 늘어나고 있다.

사례

귀리 껍질을 사용해 유제품과 우유 대체품을 만드는 스웨덴 회사 오틀리(Oatly)가 처음 제품을 출시했을 때, 그들은 큰 인식의 도전을 받았다. 아무도 '귀리 우유'에 대해 들어보지 못했기 때문에, 이 브랜드는 포장 디자인을 바꿔 '우유와 비슷하지만 인간을 위해 만들었습니다'라는 자극적인 슬로건을 내세웠다. 회사는 브랜드를 구축하기 위해 특정 잡지에 이례적으로 장문의 광고를 게재했고 세계 최초로 우유 없는 커피 축제를 개최했다. 오틀리의 그런 거슬리는 접근 방식은 기존 우유 대기업의 소송을 야기했고, 회사는 그 사실을 즉시 온라인에 게재했다. 이런 기발한 기획들이 소비자들의 관심을 끌었고 브랜드의 폭발적 인기에 기여했다.

트렌드 실천 가이드: 팁 #2

당신만의 이야기를 공유하라

강력한 이야기는 호응을 불러일으킬 수 있다. 그러나 안타깝게도 인터넷은 지루한 '회사 소개' 페이지만 있을 뿐이다. 이것들은 이야기라고 할 수 없다. 브랜드 스토리는 감정적이고 인간적이어야 한다. 그것은 사람들이 제품, 브랜드, 기업 메시지를 믿도록 고무시킨다.

트렌드는 당신이 이야기를 말하는 방식에 영향을 줄 수 있다. 당신의 브랜드가 존재하는 이유 뒤에 있는 더 큰 목적은 무엇인가? 소비자 신념 또는 업계의 어떤 변화가 오늘날 당신 회사를 소비자에게 의미 있게 만들었는가? 이런 종류의 질문들이 좋은 이야기를 만드는 데 도움이 될 수 있다.

사례연구: 매력적인 불완전성(2017)

트렌드

사람들이 개인적이고 인간적인 경험을 더 추구함에 따라, 브랜드와 크리에이터들은 개성, 기발함, 심지어 의도적 불완전함을 동원해 그들의 제품과 경험을 보다 인간적이고, 진실되고, 호감이 들도록 만드는 데 초점을 맞추고 있다.

사례

"우리는 40년 동안, 최소한의 안전만을 보장하는 감옥과 비슷한 수준의 안락함을 자랑하며 여행객들을 자랑스럽게 실망시켜 왔습니다." 이것은 암스테르담에 본사를 둔 자칭 '세계 최악의 호텔'이라는 한스 브링커 버짓 호텔(Hans Brinker Budget Hotel)에서 볼 수 있는 흔치 않은 마케팅 메시지 중 하나다. 이 호텔은 끔찍한 서비스를 자랑하며 지난 10년 이상 동안 이 홍보 문구를 써왔는데, 이것이 오히려 정반대의 심리적 효과를 가져왔다. 사람들이 그 호텔의 서비스가 정말로 얼마나 나쁜지 보려고 안달해한 것이다. 이것은 매력적인 스토리가 얼마나 강력한지를 보여주는 극단적인 예다. 한스 브링커에 묵는 사람들은 대개 유럽을 여행하는 배낭족들이어서 이 홍보문구는 매우 효과가 있었다. 그들이 원하는 것은 화려함이 아니라 세상과 공유할 수 있는 훌륭한 이야기다. 그것이 그들이 한스 브링커에서 기대하는 유일한 것이다.

트렌드 실천 가이드: 팁 #3

전략을 바꾼다

트렌드를 활용하면, 사업 모델을 발전시키는 것이든, 새로운 고객을 개발하기 위해 새 파트너(광고회사)를 고려하는 것이든, 당신 회사의 전략을 변경할 수 있다. 기업 리더들에게 전략을 위해 트렌드를 활용하는 방법에 대해 조언할 때, 나는 대개 다음 5가지 핵심 영역에 집중하도록 권고한다.

1. 미션: 당신이 하는 것과 당신이 믿는 것을 실행하는 이유.
2. 포지셔닝: 경쟁업체 브랜드와 비교하여 당신 회사의 브랜드를 구분되게 만드는 것.

3. 사업 모델: 고객에게 돈을 청구해 돈을 버는 방법.

4. 제품 및 서비스: 고객에게 판매하는 것.

5. 혁신: 고객에게 제공하는 새로운 제품 및 서비스.

사례연구: 의도적 격하 (Deliberate Downgrading)(2019)

트렌드

기술 제품들이 점점 더 복잡해지면서, 소비자들은 더 단순하고, 더 저렴하고, 기능에 충실한 버전으로 눈높이를 낮추고 있다.

사례

스위스 기업가 페터 네비Petter Neby는, 우리가 어디를 가든 인터넷이 꼭 필요한 것은 아니라고 생각하는 유일한 휴대폰 제조사 CEO일 것이다. 소비자들이 기술 사용에 대한 균형 잡힌 접근 방법을 찾고자 한다는 것을 알아차린 그는 의도적으로 웹 기능이 없고 전화와 문자 메시지만 할 수 있는 소위 '바보 전화기'(dumb phone)를 만들었다. '주인의 시간과 관심을 방해하지 않고 업무를 수행하는' 단순하고 우아한 제품을 개발한다는 그 회사의 독특한 전략은, 24시간 내내 우리를 연결시키려고 애쓰는 경쟁사들 사이에서 오히려 돋보인다.

트렌드 실천 가이드: 팁 #4

기업 문화를 강화한다

당신이 알고 있는 바와는 달리, 훌륭한 기업 문화를 고취하기 위해 무료 식사, 마사지, 탁구대 같은 것들을 굳이 제공할 필요가 없다는 것을 아는가? 많은 직장 설문조사에 따르면, 직원들이 가장 원하는 것은 자신들의 일이 중요하다고 느끼는 동료들과 진정한 인간관계를 맺고, 자신의 시간에 대해 어느 정도 자율성을 갖고 싶다는 것이다. 트렌드를 활용하면, 이 모든 영역에서 당신 회사의 문화를 강화하는 데 도움이 된다.

사례연구: 매체를 통한 경험 공유 (Experimedia)(2015)

트렌드
기업들은 사회적 실험과 실제 경험을 공유해 신뢰를 구축하고, 인간의 행동을 독특하고 새로운 방식으로 보여주며, 보다 현실적이고 매력적인 콘텐츠를 구축하고 있다.

먼저 다음 질문을 통해 현재 당신 회사의 문화를 평가해 보라.

● 회사가 무엇을 추구하는지 알고 있는가? 회사의 사명을 믿는가?

● 일상의 업무를 수행하는 데 필요한 도구와 기술을 가지고 있다고 생각하는가?

● 독자적으로 업무를 수행할 정도로 신뢰받고 있다고 생각하십니까?

● 친구들에게 일할 만한 직장으로 우리 회사를 추천하겠는가?

● 직장 동료들과 일하는 것이 늘 즐거운가?

현재의 트렌드가 당신 회사 문화의 일부를 바꾸라는 신호를 보낸다고 해서 걱정할 필요는 없다. 하지만 직원들이 짧은 시간 내에 회사를 그만둬서 새로운 신입사원을 많이 뽑아야 할 경우라면, 그것은 급한 상황이다. 트렌드는 최고의 인재를 찾고 유지하는 방법에 영향을 미칠 수 있다.

트렌드 실천 가이드: 팁 #5

경력을 개발한다

회사에서 트렌드를 적용할 수 있는 여러 가지 방법이 있지만, 트렌드는 개인적으로도 많은 도움이 된다. 내 개인의 인생에서도, 트렌드 활용이 오늘의 내가 있기까지 많은 영향을 주었다. 〈뻔하지 않은 트렌드〉 첫 판의 트렌드인 '호감경제학'은 1년 후에 ≪호감이 전략을 이긴다≫라는 제목으로 책을 쓰도록 영감을 주었다. '파트너십 출판'(Partnership Publishing)과 '소중한 인쇄물'(Precious Print)이라는 트렌드(둘 다 2013년에 처음 발행되었음)를 연구한 후에는 아이디어프레스 출판사(Ideapress Publishing)라는 내 회사를 시작했다. 2015년판에 실린 '주류의 마음가짐'(Mainstream Mindness) 트렌드는 우리 팀이 컨설팅 그룹을 위한 새로운 워크숍 시리즈를 개발하도록 이끌었고, 2019년판에 실린 '선망의 혁신'(Innovation Envy) 트렌드는 새로운 '불확실한 혁신'(Non-Obvious

Innovation) 교육 시리즈와 경영진 코칭 프로그램을 위한 기반이
되었다.

사례연구: 맹렬 여성성 (Fierce Femninity)(2017)

트렌드

독립적 맹렬 여성의 부상이 여성성과 전통적인 성 역할을 재정의하고
있다.

사례

기업 내에서 여성들의 승진이 이어지고 직장에서 성에 대한 전통적 기
대치가 깨지면서, 기업들은 그들의 열망을 뒷받침할 충분한 자원이 없다는
것을 비로소 깨닫고 있다. 이러한 트렌드를 인식한 여성 네트워크 그룹들이
여성 자원을 한데 모아, 공동의 도전에 대처하고 기업간 새로운 제휴를 맺
는 방법에 대한 조언을 얻을 수 있는 장소를 제공함으로써, 그 공백을 메우
기 위해 노력하고 있다.

트렌드를 활용하면, 산업의 성장을 예측하거나 고객이 원하는
것에 대한 통찰력을 얻는 데 도움이 되며, 기업은 적시에 신제품
이나 서비스를 출시할 수 있다. 또 가까운 미래에 어떤 새로운 기
술이 필요한지 예측해 지금 그에 대해 학습하는 시간을 투자할

수 있게 해준다.

　이제 트렌드를 이해함으로써 당신 개인의 평판을 높이고 경력을 발전시킬 수 있는 몇 가지 구체적인 방법을 소개한다.

- 트렌드 연구를 통해 아이디어를 보강하고 신뢰성을 강화하라.
- 상사나 고객과 트렌드 통찰력을 공유하라.
- (나 같은) 트렌드 큐레이터와 개인적 관계를 구축해 네트워크를 개발하라.
- 트렌드가 전망이 좋은 산업이나 기업을 예측할 수 있다는 것을 유념하라.

트렌드 워크숍을 운영하기 위한 4가지 팁

　지난 10년 동안 나는 수천 명의 혁신자들로 하여금 트렌드를 활용해 조직의 미션을 전환하고, 고객 참여를 재고하고, 마케팅 전략을 조정하고, 기업 문화를 혁신함으로써 트렌드를 실행할 수 있도록 도왔다. 트렌드의 잠재적인 영향력을 생각하는 이상적인 방법은 불을 일으키는 불꽃과 같다. 물론 트렌드만으로는 충분하지 않지만, 트렌드를 변화를 위한 촉매제로 사용할 때 매우 강력할 수 있다.

이를 실행하기 위한 첫 번째 단계는, 조직 내의 적합한 사람들을 한 자리에 불러모아 협력 세션을 진행하는 것이다. 이 세션은 통상 워크숍이라고 부르는데, 이 워크숍은 사람들의 관심을 집중시키고 혁신의 틀을 제공해 준다. 다음은 회사의 팀이나 고객을 위한 트렌드 세션을 성공적으로 만들기 위한 4가지 핵심 요소다.

트렌드 워크숍: 팁 #1

프로처럼 준비하라

시간을 내서 해결하려는 문제를 완전히 파악하라. 그 문제를 해결하기 위해 이미 시도한 것은 무엇인가? 그중 어떤 것이 효과가 있었고 어떤 것이 실패인가? 그룹 전체가 진정한 변화를 향해 나아가려면 어떤 질문이 필요한가? 문제나 이슈에 적용될 수 있는 현재 트렌드는 무엇인가?

트렌드 워크숍: 팁 #2

마음을 먼저 사로잡은 다음 비판은 나중에 하라

사람들은 '브레인스토밍에는 나쁜 생각이 없다'고 말한다. 그렇지 않다. 하지만 안타깝게도, 좋은 아이디어와 나쁜 아이디어를 실시간으로 구분하는 것은 불가능하다. 회사가 트렌드를 어떻게 적용하고 활용해야 하는지에 관해 이야기할 때에는 모든 참가자가 공개적으로 아이디어를 공유하도록 장려하라. 지금 당장 그들을 비판하려고 시간과 에너지를 낭비하지 마라. 비판은 나중 일이다.

트렌드 워크숍: 팁 #3

'좋아요, 그런데' 사고방식을 가져라

즉흥 연기자들은 흐름을 끊지 않고 서로의 아이디어를 존중하며, "좋아요, 그런데"라고 말하고 자신의 의견을 덧붙이는 방식으로 훌륭하게 협업한다. 이런 접근 방식은 효과적인 워크숍 특징 중 하나다. 누군가가 트렌드를 어떻게 활용할지에 대한 아이디어를 낼 경우, 비록 당신 생각에는 그것이 효과가 있을 것 같지 않더라도 일단 동의하라. 그런 다음 그 의견에 당신의 의견을 더해 더 좋은 아이디어로 만들도록 노력하라. 그 아이디어가 당신을 어디로 데려갈지는 아무도 모른다.

트렌드 워크숍: 팁 #4

편파적이지 않은 사람이 워크숍을 이끌게 하라

해결하려는 문제에 가장 가까이 있는 사람이 워크숍을 이끌기에 가장 적합한 사람이라고 생각하기 쉽다. 그러나 결코 그렇지 않다. 최고의 워크숍 진행자는 토론을 이끌고, 대화를 궤도에 올려놓으며, 어떠한 편견 없이 흥미를 유발하는 질문을 할 수 있는 사람이다. 그들은 모든 실행 항목을 일목요연하게 정리하고, 귀중한 시간을 내 토론에 참여한 사람들이 공동으로 무엇을 달성하고, 다음에 무슨 일이 일어나야 하는지 이해하도록 도움으로써, 토론을 전문적으로 요약한다.

> **소규모 팀이나 1인 기업가를 위한 특별 조언**
> 대규모 팀의 일원이 아니더라도 워크숍을 통해 큰 효과를 얻을 수 있다. 단 두 사람이 참여하더라도 워크숍을 통해, 일상생활에서 벗어나 미래를 위한 전략 수립에 전념할 시간을 얻을 수 있다는 이점이 있다.

트렌드로 돌파구 찾기

지금까지 우리는 통찰력을 실행에 옮기기 위한 사고방식, 방법, 핵심을 탐구해 왔다. 이제 메가트렌드 연구를 시작하기 전에 다루어야 할 마지막 주제가 하나 있다. 바로 반트렌드(anti-trend) 가 그것이다. 다음 장으로 들어가면 특정 메가트렌드와 관련된 이야기를 읽고, 그 특정 트렌드가 설명하는 것과 정반대의 사례를 생각할 수 있을 것이다. 이것은 과정상의 결함이 아니라 인류의 현실이다.

트렌드는 수학 이론이 아니며 단 하나만의 답을 가지고 있는 것이 아니기 때문이다. 트렌드는 빠른 속도로 현저하게 인기를 얻게 될 행동이나 변화를 설명한다. 그러나 트렌드는 깨질 수 없는 행동 법칙은 아니다. 트렌드는 인간과 관련되어 있으며, 인간은 예기치 않은 방식으로 행동하기 때문이다. 진실은, 트렌드에 역행하는 국외자들이 항상 존재한다는 것이다. 그들은 대개 의도적으로 그렇게 한다. 어떤 사람들과 기업들은 트렌드를 보는 즉시 다른 사람들과 차별화하기 위해 그 반대로 행동하려고 한다. 그들은 의도적으로 '반유행'에 초점을 맞춘다.

내 트렌드 연구 초기에는 이것이 나에 대한 신뢰의 위기를 조성하기도 했다. 하지만 내가 예측한 트렌드와 정반대의 행동을 하는 사람들이 있는데도 어떻게 내 아이디어가 트렌드가 될 수 있었을까? 결국, 트렌드는 법칙이 아니라 관찰이라는 것을 깨닫게 되었다.

한 가지 비유를 해 보겠다. 창 밖을 내다보니 대부분의 사람들이 우산을 들고 다니는 것을 본다면, 비가 내리고 있는 것이다. 그런데 몇몇 사람들은 의도적으로, 또는 무슨 이유인지 알 수 없지만 필요에 의해 몸을 젖게 하려고 우산 없이 빗속을 걷고 있을 수 있다. 하지만 그들의 행동이 모두에게 비가 온다는 사실을 바꾸지는 못한다.

여러 차례 언급했듯이 트렌드를 큐레이팅하는 것은 불확실한 미래를 읽고 아이디어를 실현하는 데 도움이 될 것이다. 그러나 다른 대부분의 사람들이나 경쟁업체가 생각하고 있는 것을 파악하고 전략적으로 반대되는 방법을 선택하는 데에도 도움이 될 수 있다. 트렌드는 맹목적으로 따르라는 것을 의미하지 않는다. 이 책은 새롭고 다른 방식으로 생각하는 것에 관한 것이다. 그 렌즈를 통해, 트렌드를 따를 수도 있고, 물론 그 반대쪽을 선택할 수도 있다.

PART II
향후 10년 메가트렌드

향후 10년 메가트렌드

정체성 증폭 AMPLIFIED IDENTITY

언젠더링 UNGENDERING

인스턴트 지식 INSTANT KNOWLEDGE

복고주의 REVIVALISM

휴먼 모드 HUMAN MODE

관심의 가치 ATTENTION WEALTH

개념 이익 PURPOSEFUL PROFIT

데이터 풍요 시대 DATA ABUNDANCE

보호 기술 PROTECTIVE TECH

상거래 혁신 FLUX COMMERCE

Chapter 4

정체성 증폭 AMPLIFIED IDENTITY

'정체성 증폭'이라는 메가트렌드는?

전세계적으로 개인주의가 부상함에 따라, 사람들은 온라인과 오프라인에서 자신들이 인식되는 방법을 조심스럽게 구축하며, 스타가 되기를 추구한다. 그 과정에서 자신들을 비판에 취약하게 만들고 있다.

일본의 사진작가 나카무라 이쿠오는 7년 동안 방에서 나오지 않았다. 그는 히키코모리(ひきこもり)인데, 이 말은 적어도 6개월 동안 집을 떠나지 않았거나 다른 사람들과 교류하지 않은 은둔형 사람들을 일컫는 일본 말이다(국립국어원의 정식 번역은 '폐쇄 은둔족'임 - 역주). 사회적 또는 부모의 기대에 부응하지 못해 홀로 사는 사람들도 있고, 어떤 큰 갈등을 대처하지 못하고 은둔 생활을 하는 사람들도 있다.

사진작가 마이카 엘란Maika Elan은 내셔널 지오그래픽 매거진에 히키코모리에 대한 희귀한 사진 에세이와 인터뷰를 게재하면서, "일본에서는 여전히 획일성이 중시되고 평판과 외모를 최고로 여기고 있어, 히키코모리 같은 조용한 형태의 반란이 일어나고 있다."고 썼다. 엘런이 옳을지 모른다. 히키코모리의 존재는 흔히 비극적인 용어로 사용되지만, 규율이 엄한 일본 사회의 요구를 충족시키지 못하는 사람들에 의해 표현되는 조용한 형태의 개성일 수도 있다.

한국에서는 혼밥이나 혼술 같은 개인주의적인 활동을 묘사하는 신조어가 일상화되었다. 내 한국인 친구는 한국에서 이런 솔로 활동을 하는 것이 이제 흔한 일로 여겨지고 있다고 지적했다. 일본에서 여전히 히키코모리가 존재하고 한국에서의 솔로 활동이 늘어나는 것은, 우리 문화가 점점 더 개인주의적인 정체성으로 바뀌어가고 있는 것을 보여주는 징후들이다.

획기적인 연구 결과를 발표하는 세계가치관조사(World Values Survey, WVS)의 연구원들은 1981년부터 전세계 78개국 사람들을 대상으로 그들의 가치와 신념을 측정해 왔다. 지난 20년 동안 그들이 발견한 주요 결과 중 하나는, 세계 거의 모든 지역에서 개인주의로의 변화가 눈에 띄게 증가하고 있다는 것이다. 이러한 세계적인 변화는 '자기 자신'의 중요성에 대한 증폭된 인식을 반영하는 것이다. 특히 온라인상에서 우리의 정체성을 조작하는 대담성은, 우리의 자부심을 높이기도 하지만 한편으로는 위험성을 수반한다. 왜 그런지는 오늘날 디지털 자기표현의 가장 현대적인 형태인 셀카를 보면 알 수 있다.

셀카에 대한 진실

몇 년 전 어느 화창한 봄날, 나는 가족과 함께 애리조나에서 가장 인기 있는 전망대 중 하나인 호스슈 벤드(Horseshoe Bend)를 찾았다. 이곳은 관광객 몇 명이 협곡으로 추락사한 비극적인 사건으로 지난 몇 달 동안 여러 차례 뉴스에 보도된 곳이었다. 그날 그곳에 모인 군중을 보면서, 그 장소가 왜 그렇게 위험한 곳이었는지를 쉽게 이해할 수 있었다. 한 소녀가 남자 친구의 어깨에 앉아 카메라를 머리 위로 높이 들고 있었는데, 그 남자 친구는 절벽 끝에서 불안하게 몸의 균형을 잡고 있었다. 그들은 다른 많은 사람들처럼 협곡을 배경으로 완벽한 셀카를 찍기 위해 애쓰고 있었는데, 다행히도 별다른 사고 없이 셀카를 찍을 수 있었다.

완벽한 셀카를 찍어 이를 소셜미디어에 게시하는 일이 매우 중요해졌기 때문에 사람들은 말 그대로 완벽한 셀카를 얻기 위해 기꺼이 목숨을 건다. 그것을 그렇게 중요하게 생각하는 이유는, 일상생활에서는 거의 볼 수 없는 멀리 있는 친구나 친척들에게 우리 자신의 모습을 큐레이션해서 보여줄 수 있기 때문이다.

하지만 이런 모습이 과연 사실적이란 말인가? 그것은 누구에게 묻느냐에 달려 있다. 소셜미디어와 셀카가 우리 개성의 진면모를 표현하는 데 도움을 준다고 주장하는 사람들이 있는가 하면, 셀카가 모든 세대를 자아도취에 빠뜨리고 불안정하게 만든다고 비난하는 사람들도 있다. 수상 경력이 있는 언론인 윌 스토Will Storr는 저서 ≪셀카≫(Selfie)에서 이 질문을 탐구한다.

스토는 이 책에서 셀카와 우리 자신에 대한 강박 관념의 배후를 '자존심 신화'라고 규정하고 이것이 온라인상에서 우리의 정체성을 큐레이트하는 방식에 영향을 미쳤다고 주장한다. 그는 이렇게 쓰고 있다. "포화상태에 이른 새로운 소셜미디어의 세계에서 당신이 살아남고 성공하기 위해서는, 갑자기 당신 주변에 생긴 다른 모든 '당신 같은 사람'들보다 더 나은 당신이 되어야 한다. 당신은 원래의 당신보다 더 재미있는 사람이어야 하고, 더 아름다운 사람이어야 하며, 더 많은 친구들을 가진 사람이어야 하고, 더 재치 있는 대사와 더 정의로운 의견을 가져야 한다. 당신이 멋진 장소에서 멋진 아침식사를 즐기는 품격 있는 모습을 보인다면 최상일 것이다."

스토에 따르면, 그런 불가능한 이상을 추구해야 한다는 압박감이 불안할 정도로 높은 우울증과 높은 자살률의 원인이 될 수 있으며, 완벽한 셀카에 대한 욕구도 그래서 생겼다는 것이다. 이런 관점에서 볼 때, 셀카는 인정받고 싶은 욕구 증가의 위험한 반영이라는 것이다. 하지만 모두가 이에 동의하는 것은 아니다.

자신감 넘치는 자화상

좀 더 낙관적인 견해도 있다. 셀피가 외부 검증에 대한 불안감보다는 더 진실성과 자신감의 통로가 될 수 있다는 것이다.

걸스 리더십(Girls Leadership)의 공동 설립자인 레이첼 시먼스 Rachel Simmons는 그런 낙관주의자 중 한 명이다. 그녀는 셀카를 '소녀 자존심의 작은 맥박 – 자신에게 외치는 소리'라고 묘사한다. 나는 2015년에 '셀카의 자신감'(Selfie Confidence)이라는 트렌드를 소개하며 사람들이 셀카에 대해 크게 잘못 생각하고 있다는 그녀의 주장에 동조했다. 셀카가 자존감을 쌓기 위한 저평가된 도구라고 말한다면 어떨까? 이런 관점에서 본다면 셀카는 힘의 표현이라고 할 수도 있을 것이다.

시먼스는 또 다음과 같이 주장했다. "젊은이들이 소셜미디어에 끊임없이 올리는 셀카를 그저 이미지를 의식하는 자아도취 정도로 평가절하 한다면, 소년 소녀들이 자신을 홍보하는 훈련을 할 기회를 놓치게 만드는 것이다. 그들의 그런 훈련이야말로 그들이 더 발전할 수 있는 기회를 얻고, 나중에 사회에 나가 급여 인상이나 승진을 위해 협상할 때 그들을 도울 수 있는 기술이 될 것이다. 셀카는 사진 형태로 자신을 주장하는 것이다. 바로 '나는 내가

아름답다고(행복하다고/ 섹시하다고) 생각합니다. 그렇지 않나요?'
라고 말이다."

우리 자신에 대해 이런 이야기를 하면, 대부분의 사람들이 소셜미디어에서는 자신을 과장되고 긍정적인 방식으로 묘사한다고 생각하기 쉽다. 하지만 연구원들은, 사람들은 우리가 생각하는 것보다 소셜미디어에서 더 진실하다는 것을 알아냈다. 소셜미디어의 공공성은 많은 면에서 더 많은 책임을 부여하는데, 만일 당신이 거짓말을 한다면 소셜 네트워크상의 누군가가 그것을 금방 알아챈다는 것이다. 예를 들어, 코넬대학교의 소셜미디어 연구소는 최근 데이터에서 대학생들이 직접 이력서를 쓸 때보다, 링크드인 프로필을 만들 때 더 솔직해진다는 것을 발견했다.

연구에 따르면, 소셜미디어는 우리를 자기중심적인 거짓말쟁이로 만드는 것이 아니라, 디지털 세계에서 우리의 정체성을 형성하는 데 필요한 한 가지, 즉 우리가 만드는 이야기에 힘을 불어넣어 줄 수 있다는 것이다. 우리가 소셜미디어에서 우리 자신에게 주인공 역할을 부여하지 않는다면, 우리 이야기에 힘을 실어 주는 것이 무슨 재미가 있겠는가?

매일 스타덤에 오른다, 인플루언서 혁명

고전 ≪인간관계론≫(How to Win Friends & Influence People, 1936년)의 저자인 데일 카네기Dale Carnegie는 "개인의 이름은 어떤 언어든 그 사람에게는 가장 달콤하고 가장 중요한 소리다."라고 말했다. 수년간의 관찰을 통해 알게 된 그의 요점은, 우리 인간은 본능적으로 자신이 뭔가의 역할에 선발되고, 이해받고, 인정받는 순간을 추구한다는 것이다. 개인주의가 팽배한 세상에서 온라인 세계는 그 어느 때보다 더 쉽게, 15초(또는 그보다 더 짧은) 동안의 짧은 명성을 얻을 수 있는 곳이다. 우리 자신을 우리가 직접 만드는 쇼의 스타로 등장시키는 콘텐츠를 만들 수 있으니까 말이다.

'발리우드 신부'(Bollywood Bride)의 사례를 들어보자. '발리우드 신부'는, 세상이 우리를 스타처럼 취급해 주기를 바라는 기대감이 높아진다는 '매일 스타덤'(Everyday Stardom)이라는 트렌드를 소개하면서, 처음 쓴 문화 현상이다. 많은 인도 영화에는 플래시몹(flash mob, 불특정 다수가 특정 장소에 순식간에 모였다가 헤어지는 것을 말함 – 역주) 스타일의 춤과 멜로드라마 같은 청혼 의식의 과장된 뮤지컬 결혼식 장면이 나온다. 이런 그림 같은 완벽한 환타지 결혼식 공연은 인기가 아주 많아서, 인도 전역의 커플들은 신랑 신부로서 자신들이 주연으로 등장하는 상징적 장면을 영화처럼 재현하기 위해 영화 제작진을 고용할 정도다.

많은 사람들이 그들의 소셜미디어 스타들처럼 지속적인 명성을 찾고 있다. 유튜브와 인스타그램은 보통 사람들이 자신들이 좋아하는 주제에 대해 이야기하고 조언을 공유하는 콘텐츠(예를 들면, 패션과 뷰티 제품 평가, 새로운 장난감을 개봉하고 사용해 보는 것, 라이브 비디오 게임 등)를 만드는 것을 매우 쉽게 만들어주었다. 자신의 콘텐츠로 많은 시청자를 확보하는 사람들은 온라인 세계에서 스타덤에 오르고, 광고와 스폰서들을 통해 수익도 얻을 수 있는, 이른바 '인플루언서'들이다.

소셜 플랫폼을 통해 미디어 스타들이 지속적으로 나타나고 있고, 사람들이 자신만의 이야기로 출연하는 데 익숙해지면서, 소비자들은 다양한 회사들이 개인적인 경험을 만들어주고 자신을 VIP처럼 느끼게 해줄 것을 기대하게 되었다. 정체성을 중심으로 한 이런 산업이 더 많은 사람들과 브랜드들로 하여금 그것에 관심을 끌고 수익을 올리기 위해 집중하도록 만들고 있지만, 부정적인 면도 커지고 있다.

'정체성 증폭'의 어두운 이면

증폭된 정체성이 번창하고 사람들이 자신이 인식되는 방법을 교묘하게 조작하는 세상에서, 그들의 이야기를 통제하는 것은 어려운 일이다. 디지털 세계의 이야기는 대개 공개적이어서 원치 않는 사이버 스토커들의 관심을 끌거나, 비판, 수치심 또는 신원

도용의 표적이 될 수 있다. 우리는 우리가 구축한 정체성을 애써 통제하고는 있지만, 우리의 정체성이 얼마나 쉽고 파괴적으로 해체될 수 있는지를 매일 보고 있다.

마이크로소프트의 수석 연구원인 다나 보이드Danah Boyd는, 자신의 책 ≪네트워크화된 십대들의 복잡한 사회생활≫(It's Complicated: The Social Lives of Networked Teens Social Lives)에서, 관심이 상품화된 이 까다로운 온라인 세상을 십대들이 어떻게 살아가는지를 탐구한다. 그녀는 유명인이나 다른 사람을 자주 비난하는 익명의 댓글과 미디어 문화가 다른 사람들의 온라인 표현에 대해 비열한 반응을 보이는 것을 마치 정상적인 것처럼 보이게 만들었다고 주장한다. 사이버 폭력이 너무 흔하게 일어나는 세상에서, 특히 젊은이들의 개인적 정체성은 끊임없는 공격을 받고 있다.

우리가 직면한 도전은, 우리의 게시물이나 트윗에 비열하게 반응하는 사람들만이 아니다. 우리가 실수라도 하는 경우, 훨씬 더 큰 표적이 될 수 있다. 작가이자 다큐멘터리 영화 제작자인 존 론슨Jon Ronson은 그의 책 ≪공개적으로 매도된 사람들≫(So You've Publicly Shamed)에서 왜 인터넷 망신이 흔한 일이 되었는지를 탐구한다. 이 현상을 이해하기 위해, 그는 인터넷상에서 어떤 잘못을 저질러 호되게 비난을 받은 사람들을 인터뷰했다. 인터뷰한 사람 중에는 한 언론인에 의해 표절이 폭로된 작가 조나 레러

Jonah Lehrer와, 남아프리카공화국을 여행하면서 무심코 인종 차별적인 트윗을 올렸다가 직장까지 잃고 삶이 망가진 광고회사 간부 저스틴 사코Justine Sacco도 포함되어 있었다. 론슨은 온라인에서의 공개적 매도라는 문제를 다루면서 "우리는 온라인 밖에서까지 사람들의 삶을 완전히 망쳐놓으면서도 정당한 행위라고 변명하고 있다"고 결론을 내리고 있다.

우리가 애써 구축한 우리의 디지털 정체성은 비판과 매도에 취약할 뿐만 아니라 전적으로 원치 않는 일에 연루될 위험도 있다. 인공지능에 의해 만들어진 초현실적인 가짜 이미지와 동영상으로 구성된 딥페이크(Deepfake) 기술은 다른 사람들이 우리와 똑같은 모습을 나중에 콘텐츠에 끼워 넣어 제작할 수 있는 기회를 제공했다.

한 사람의 목소리를 복제해 사랑하는 가족이 죽은 후에 그 가족이 직접 말하는 것처럼 보이는 메시지를 만드는, 윤리가 의심스러운 재창조 알고리즘을 만드는 기술자들도 생겼다. 게다가 한 걸음 더 나아가 과거의 비디오 영상을 이용해 유명 인사의 정교한 홀로그램을 개발함으로써 새로운 동영상 버전을 만드는 기술까지 등장했다. 예를 들어, 마이클 잭슨Michael Jackson이나 에이미 와인하우스Amy Winehouse 같은 죽은 예술가들의 홀로그램 투어가 생기는 등, 죽은 연예인들이 다시 살아나 공연하는 것 같은 새로운 쇼가 등장했다.

이런 윤리적 의문의 소지가 있는 혁신의 등장은, 이런 문제들을 탐구하고, 죽은 사람의 디지털 정체성의 소유권자는 누구이며 과연 그 정체성이 어떻게 온전히 보존될 수 있는지에 대한 기본 규칙을 만드는 새로운 산업으로 이어지고 있다. 그럼에도 정체성 증폭 트렌드는 우리의 정체성에 대한 상당한 위험을 내포하고 있는 동시에 상당한 장점도 있다.

희망도 커졌다

피플지에 따르면 2015년 '미국을 사로잡은' 최고 드라마는 〈케스와니스: 가장 현대적인 가족〉(The Keswanis: A Most Modern Family)이라는 웹 드라마 시리즈였다. 캘리포니아에 사는 인도계 가족 중에는 '의사 아빠' 아닐Anil과 '자식의 일을 관리하는 엄마' 바이샬리Vaishali가 나오는데, 그녀는 안과 의사라는 본업을 제쳐두고 폭발적인 인기를 얻고 있는 아들 빅 닉Big Nik의 소셜미디어 관리에 본격 나선다. 아들 닉은 희귀병인 왜소증을 앓고 있는데, 그는 온라인에서 250만 명이 넘는 충실한 팔로워를 보유하고 있다. 이 리얼리티 TV 드라마의 가족을 더 풍성하게 만드는 건 미인대회 지망생인 15살짜리 여동생 사리나Sarina와 별명이 '트랜스젠더 공주'인 6살짜리 여동생 데비나Devina이다.

이 드라마는 우리와 다르거나, 지금까지 문화의 변방에 있던 사람들을 포용하려는 의지가 드러나고 있음을 보여주고 있다. 나는 2016년에 '주류가 된 다문화주의'(Mainstream Multiculturalism)의 사례로 케스와니스 시리즈에 대한 글을 처음 쓴 바 있다. '주류가 된 다문화주의'라는 트렌드는, 수년 동안 '우리와 다른 세상의 사람들'로 간주되어 온 다양한 그룹들이 문화의 주류에, 특히 엔터테인먼트와 미디어에서 점점 더 많이 수용되고 있음을 보여주는 트렌드다.

표면적으로는, 이러한 트렌드가 전 세계적으로 일고 있는 외국인 혐오증과 다른 것처럼 보일 수 있다. 그러나 현재의 혐오 분위기는 반이민 포퓰리스트들의 목소리와 그로부터 이익을 취하려는 분노로 가득 찬 정치인들에 의해 부추겨진 측면이 있다. 그들의 주장이 대부분의 사람들의 믿음을 반영한다고는 볼 수 없다. 실제로는 사람들이 그동안 '다른 세상 사람들'이라고 배척했던 사람들을 더 배척하는 것이 아니라 점점 더 수용하고 있다는 증거가 뚜렷하게 나타나고 있다. 한 연구는, 도널드 트럼프가 대통령에 당선된 지 3년이 지난 후, 오히려 미국의 많은 지역에서 인종적 편견이 실제로 줄어들었다는 것을 발견했다. 세계가치관조사의 연구도 다른 인종과 함께 사는 것이 불편하다고 응답한 사람들의 수가 광범위하게 감소했다는 것을 발견했는데, 이 질문은 인종 차별주의 신념을 척결하기 위해 던진 가장 중요한 질문 중 하나였다.

증폭된 자아의식을 발달시키고, 우리 각자의 개성을 수용하고, 그것을 다른 사람들과 공유할 때, 비로소 우리는 다른 사람들의 정체성을 인정하고, 받아들이고, 심지어 축하할 수 있다. 그동안 우리의 사회 규범이 국외자로 배척한 사람들에 대해서는 더욱 그렇다. 이는 내가 2017년에 '분노의 국외자'(Outrageous Outsiders)라는 트렌드로 탐구한 아이디어이기도 하다. 이런 의미에서, 정체성의 증폭이라는 메가트렌드는, 비록 그것이 우리의 가치관이나 온전한 정체성에 어떤 위험을 가할지라도, 아마도 이 책에 제시된 메가트렌드 중 가장 희망적인 트렌드일 것이다.

'정체성 증폭' 요약

전세계가 개성을 중시하는 방향으로 변화하면서, 우리의 이야기를 통제하던 방식에서 이제는 우리 자신을 어떻게 표현할지에 대해 더 많은 생각을 하게 만들고 있다. 링크트인에서 프로필을 작성하는 것에서부터 트윗과 셀카에 이르기까지, 온라인 정체성은 우리가 누구인지를 표현하는 궁극적 수단이 되었다. 비록 그것이 세심하게 조작된 자화상일지라도 말이다. 다른 대부분의 메가트렌드와 마찬가지로, 정체성 증폭 트렌드에서도 긍정적인 변화와 부정적인 변화가 모두 예상된다. 긍정적 측면으로는, 자아에 대한 이와 같은 관심이 과거에는 거의 목소리를 내지 못했거나 소외당했던 사람들에게도 파급 효과를 미치고 있다는 것이다. 그들은 이제 온라인에서든 오픈라인에서든 자신을 마음대로 표현할 수 있고 떳떳하게 활동할 수 있게 되었다. 부정적인 측면으로는, 우리의 자아 의식이 과장되면, 자칫 더 자아도취에 빠지게 되고, 다른 사람의 비판의 대상이 되며, 우리의 정체성이 원치 않는 것에 연루되는 것에 더 취약해질 수 있다는 것이다.

'정체성 증폭' 트렌드 활용하기

1. 자아도취라는 편견을 극복하라.

디지털 정체성의 부상에 대한 일반적 비판은, 그것이 다른 사람들과 공감할 수 없는 나만 생각하는 괴물 세대를 만들어낼지도 모른다는 우려다. 소위 셀카 세대에 동의하지 않는 사람이라면, 소셜미디어에 많은 시간을 보내는 사람들을 얄팍하고 자기도취적이라고 비난하기 쉽다. 그러나 섣불리 그렇게 판단하지 말고, 그저 디지털 도구와 플랫폼이라고 가볍게 생각하라. 대부분의 소셜미디어 활동의 핵심은, 자신의 정체성을 찾고 그것을 세상과 공유하려는 일반적인 욕망이라는 점을 기억하라. 그것은 자아도취가 아니라 인간의 본성이다.

2. 정체성의 차이를 인정하라.

우리의 정체성과 인간관계가 온라인으로 이동함에 따라, 디지털 플랫폼을 통해 우리 자신을 더 많이 공유하는 것은 이제 일반적 현상이 되었을 뿐 아니라 필요할 수도 있다. 사생활을 중요시하고 기술적으로 이를 반대하는 사람들은 이 새로운 현실을 불편하게 생각할 수 있기 때문에, 온라인 정체성을 반대하는 사람들과 디지털 세상을 전적으로 수용하는 사람들 간에 문화적 분열이 발생할 수 있다. 이 때문에, 정체성이 증폭되는 것을 가장 꺼려하면서도 사회적 상호작용의 일부가 되기를 원하는 사람들을 포용하기 위한 새로운 종류의 공감과 사회적 약속이 필요한 것이다.

3. 다른 사람들의 정체성을 관리하는 일에 주목하라.

증폭된 자아의식이 계속 성장함에 따라, 우리는 특히 온라인에서 우리의 정체성을 형성하는 데 전문가들의 도움을 받아야 할 수도 있다. 당신이 새로운 직업을 찾고 있다면, 개인 코치, 라이프스타일 전문가(lifestyle gurus), 자립 조언가(self-help advisors) 같은 컨설팅 사업이 번창할 것이라는 점을 유념하라. 또 사후에 디지털 유산을 보존해 주는 '디지털 보존처리가'(digital embalmers) 같은 특이한 직업들도 생겨나고 있다. 소프트웨어 컨설턴트와 변호사들도 온라인 정체성과 사생활 보호에 대한 문제를 해결하기 위한 도구나 법안을 만들기 위해 적극 나서고 있다.

'정체성 증폭' 트렌드의 진화

이 메가트렌드와 관련된 과거 트렌드는 어떻게 발전되었나.

셀카 전성시대(SELFIE CONFIDENCE)(2015)

세심하게 만든 온라인 정체성을 공유할 수 있다면, 사람들은 셀카 같은 소셜 콘텐츠를 사용해 자신의 자신감을 구축할 수 있게 될 것이다.

매일 스타덤(2015)

개인화 현상이 강해지면서 소비자들은 그들의 일상적인 상호작용도 연예인 수준의 경험으로 바뀔 수 있을 것이라는 기대를 할 수 있게 되었다.

성격 맵핑(PERSONALITY MAPPING)(2016)

행동 측정 도구가 우리의 성격까지 속속들이 들여다볼 수 있게 되면서, 기업들은 이런 데이터를 사용해 같은 생각을 가진 사람들을 함께 모아 독특한 경험을 제공하기 시작했다.

주류가 된 다문화주의(2016)

엔터테인먼트, 상품, 정치 영역에서 다양한 아이디어와 사람들이 통합되면서, 몇 년 동안 위축되었던 다문화 시민들은 이제 광범위하게 받아들여지고 있다.

진정한 명성 추구자(AUTHENTIC FAMESEEKERS)(2017)

일찌감치 소셜미디어에 눈을 돌려 브랜드를 만들고, 청중을 구축하는 새로운 세대의 크리에이터들이 진정한 명성 추구자가 되고 궁극적으로 차세대 거물이 될 것이다.

분노의 국외자(2017)

국외자로 여겨졌던 사람들이 그동안 우리가 부당하다고 매도했던 말과 행동을 기꺼이 하면서 우리의 관심을 끌며 영향력을 미치고 있다.

개성 존중(SIDE QUIRKS)(2017+2019)

전세계가 개성을 중시하는 방향으로 계속 변화함에 따라, 모든 연령대의 사람들이 각자의 개성과 열정을 받아들이고, 서로 간의 기발한 차이들을 인정하며 자신들도 온라인 활동을 시작할 수 있게 되었다.

정체성 증폭

Chapter 5

언젠더링 UNGENDERING

'언젠더링'이라는 메가트렌드는?

전통적인 성별 구분은 성 정체성에 대한 보다 유연한 이해로 대체되고 있으며,
이는 우리가 직원, 고객, 브랜드, 그리고 서로를 보는 시각을 재평가하도록 만들고
있다.

2017년 〈뻔하지 않은 트렌드 보고서〉의 7번째 판을 마무리하
다가 방금 받은 이메일의 서명에서 뭔가 이상한 점을 발견했다.
발신인의 이름과 제목 밑에 '내가 좋아하는 대명사는 그들(them/
they)입니다'라는 문구가 적혀 있었다. 며칠 후, 나는 또 다른 사람
에게서 메일을 받았는데 그 사람도 '내가 좋아하는 대명사는 그
녀(she/her)입니다'라는 비슷한 서명을 쓰고 있었다. 그때서야 비
로소 이런 새로운 서명 운동이, 내가 2011년 트렌드 보고서에 대
한 연구를 시작하기 이전에 몇 년 동안 추적해 온 성에 대한 인식
변화의 가장 최근의 신호라는 것을 깨달았다.

2008년, 첫 책 ≪개성이 없다≫에 대한 연구를 끝내면서 나는 온라인에서 여성에 관한 위대한 이야기를 찾는 것보다 선구적인 사업가에 대한 이야기를 찾는 것이 훨씬 더 쉽다는 것을 발견했다. 이런 불평등을 해소하기 위해, 나는 성공한 40명의 여성들의 이야기를 조명하는 '개성 프로젝트'(Personality Project)를 시작했다. 이 연구에서 얻은 통찰력을 바탕으로 2013년에 성과 관련된 첫 트렌드인 '여성의 힘'(Powered by Women)을 발표할 수 있었다.

그 이후, 성 역할에 대한 우리의 전통적인 이해는 거센 도전을 받으며 상당 부분 깨졌다. 성이란 원래 단순히 둘 중 하나의 선택에 불과했다. 그러니까 여자 아니면 남자일 뿐이었다. 그러나 성 역할에 대한 전통적인 이해가 1970년대 이후로 상당히 진화해왔지만, 내가 받은 이메일 서명 라인은 10년 전만 해도 전혀 이해할 수 없는 것으로 보였을 것이다. 하지만 상황은 빠르게 변하고 있다. 2014년 초, 페이스북은 그동안 남녀로만 구분했던 개인 프로필의 성별 옵션을 58가지로 확장했다. 이후 1년도 안 돼, 페이스북의 성별 옵션 목록은 70개 이상으로 늘어났으며, 사용자가 자신의 성별 명칭을 직접 쓸 수 있는 자유 기재란이 생기기도 했다.

3년 후에 내셔널 지오그래픽 매거진은 '성 혁명'이라는 이슈에 전 지면을 할애했는데, 이 기획은 나중에 저널리스트 케이티 쿠릭Katie Couric이 직접 제작하고 내레이션까지 맡아 다큐멘터리 영화로 만들어졌다. 그녀는 과학자, 심리학자, 운동가, 작가, 그리고 관련된 가족들을 인터뷰하면서 많은 질문을 던졌다. 성이란 무엇인가? 이성간 섹스는 무엇인가? 생활에서 성 구분이 얼마나 자주 필요한가?

이 다큐멘터리는 질문에 대한 명확한 답을 제시하지는 않았지만, 많은 사람들이 성 구분을 더 이상 수태되었을 때 결정되는 딱지로 생각하지 않는다는 것을 분명히 했다. 이제 성 구분은 자신의 현재 모습에 관해 판단할 수 있는 선택으로 받아들여지고 있으며, 어쩌면 사는 동안 진화하는 것일지도 모른다. 또 성을 묘사하기 위해 사용되는 단어들도 늘어나, 제3의 성(nonbinary), 무성(無性, genderless), 해당 없음(nonconforming), 성별 미정(gender fluid), 성전환자(transgender), 혼성(混性, polygender) 같은 용어들이 사용되고 있다.

우리는 성별 구분이 없는(Ungendering) 시대에 살고 있다. 여성적이라거나 남성적인 이상에 대한 고정관념이 바뀌면서, 한때 성별에 따라 우리의 정체성에 규정된 전통적 표식이나 역할은 더 이상 의미가 없다. 이런 생각은 우리가 구입하는 제품, 우리가 즐기는 경험, 우리 자신을 정의하는 방식에서, 성별이 어떤 역할을 해야 하는지에 대한 진화된 시각으로 확대되고 있다. 점점 더 많은 조직에서 이런 트렌드가 마케팅, 판매(남성용과 여성용 제품의 규격), 서비스 제공 방법, 그리고 제품을 분류하는 방법에서까지, 근본적 가정과 메시지를 재구성하도록 강요하고 있다.

맹렬 여성성 운동

지난 10년 동안 영화와 출판계에서는 강력한 여성 캐릭터들의 등장이 뚜렷하게 많아졌다. 예를 들어, 〈헝거게임〉과 〈다이버전트〉(Divergent) 같은 10대 청소년 반이상향 소설 시리즈에는 강한 여성 주인공들이 등장한다. 또 〈걸 라이징〉(Girl Rising) 같은 다큐멘터리 수상작들도 소녀들을 교육시키는 것의 중요성에 대해 세계적인 반향을 불러일으키고 있다. 〈오렌지 이즈 더 뉴 블랙〉(Orange Is the New Black)이나 〈왕좌의 게임〉 같은, 문화를 바꾼 텔레비전 시리즈들도 여성 주인공들이 개인적 변화를 겪는 내용을 다루고 있다. 이러한 캐릭터들의 출현은 여성들이 자신의 역할과 여성성에 대한 정의를 어떻게 변화시키고 있는지를 반영하는 것인데, 이는 내가 2017년에 '맹렬 여성성'이라는 제목으로 소개한 트렌드다.

≪프리야의 샤크티≫(Priya's Shakti)라는 그래픽 소설을 예로 들어보자. 이 소설은 여성 슈퍼 히어로의 배경 이야기지만 내용은 지극히 폭력적이다. 2014년 뭄바이 만화영화 컨벤션(Mumbai Comic and Film Convention)에서 소개된 이 이야기는, 집단 강간에서 살아남은 시골 소녀 프리야가 여성에 대한 폭력을 막는 임무를 수행하는 데 초점을 맞추고 있다. 새로운 세대의 소녀들에게 영감을 줄 수 있는 맹렬 여주인공을 대담하게 등장시킨 이 소설은 처음 나오자마자 무려 50만 회가 넘는 다운로드를 기록했다.

이 책이 출판된 지 몇 달 후에, 미투 운동(#MeToo)이 인터넷을 휩쓸기 시작했다. 이 해시태그는 직장에서 성희롱이나 폭행을 당한 자신들의 이야기를 과감히 공개한 여성들의 집단적 구호가 되었다. 미트 운동이 확산된지 1년이 지난 후, 뉴욕타임스(NYT)는 성희롱 혐의가 공개적으로 제기되어 해고된 지도층 남성이 200명에 달한다고 보도했다. 뉴욕타임스의 계산에 의하면, 해고된 남성 자리의 절반을 여성들이 대체한 것으로 나타났다. 베스트셀러 작가이자 시나리오 작가인 길리언 플린Gillian Flynn은 인터뷰에서 이렇게 말했다. "결국 여성들이 살아나고 있습니다. 그들은 이제서야 분노를 표출하고 반발할 힘을 되찾은 것입니다."

1970년대까지만 해도, 많은 사람들에게 여성성의 이상은 일하면서 가족과 남편의 뒷바라지를 해야 하는 소위 '전천후' 여성이었다. 그런 여성들은 나중에 '최고 마술사'(jugglers-in-chief)라고 칭송받으며 직장과 가정에서 불가능한 일을 거뜬히 수행한다는 기대를 한 몸에 받았다. 그러나 이제 이런 허울 좋은 찬사는 당당하고 맹렬한 여성성으로 대체되며 빠른 속도로 사라지고 있다. 여성들도 얼마든지 강하고 엄숙해질 수 있다. 그들은 엄마가 될 수도 있지만, '엄마가 아닌 사람'(otherhood)이 되기를 선택할 수 있다(otherhood라는 용어는 작가 멜라니 노트킨Melanie Notkin이, 스스로의 선택에 의해, 또는 적당한 사람을 만나지 못해 ^{환경적 불임} 아이를 갖지 않기로 선택한 여성을 설명하는 말로 처음 사용했다). 플린이 지적한

바와 같이, 오늘날 여성들은 결혼을 하더라도 나중에 하고, 남성보다 더 많은 교육을 받으며, 더 많이 회사를 창업하고, 회사에서도 남들이 자리를 제공해 주기를 기다리기보다는 '스스로 자신의 자리를 쟁취'한다. 여성과 여성성의 이러한 변화가 시작된 지 10년이 넘었지만, 그에 상응하는 남성과 남성성의 진화는 이제 겨우 시작되었고 최근에야 가속화되기 시작했다.

혼돈의 남성성

내가 중학교 때, 가장 좋아하는 책 시리즈는, 캘리포니아의 가상 마을 스위트 밸리(Sweet Valley)에 사는 완벽한 금발 일란성 쌍둥이 제시카Jessica와 엘리자베스 웨이크필드Elizabeth Wakefield의 삶을 그린 ≪스위트 밸리 하이≫(Sweet Valley High)였다. '십대 어릿광대'(teen Harlequins)라는 별명이 붙은 이 책은 1980년대 10대들에게 매우 인기가 있었고, 어린 독자들이 TV 대신 책을 읽도록 영감을 주었다. 물론 젊은 여성 독자들도 많았다. 이 책의 저자인 프란시네 파스칼Francine Pascal은 로스엔젤레스 타임스와의 인터뷰에서 "소년들은 약 12살까지만 책을 읽고는 세상 밖으로 나갔다가 18살 이 될 때까지는 돌아오지 않는 게 현실이지요."라고 말했다.

나는 밖에 나가는 것을 좋아했다. 하지만 나갔다 돌아오면 항상 제시카와 엘리자베스의 로맨틱한 모험에 대한 다음 이야기를 읽곤 했다. 돌이켜보면, 한 소년이 도서관에서 한 번에 대여섯 권의 스위트 밸리 하이 책을 대출하는 것이 얼마나 이상하게 보였을까 하는 생각이 든다. 아마도 도서관 사서는 내가 누나 대신 그 책들을 빌린다고 생각했을 것이다(나는 누나가 없다). 어린 소년이 사랑, 인간관계, 고등학생 드라마에 대해 읽는 게 그리 평범해 보이지는 않았을 테니까 말이다.

오늘날, 그 시기와는 비교할 수 없을 만큼 여성의 성 역할에 대한 우리의 관점은 극적으로 바뀌었지만, 남성성과 부성(父性)에 대한 인식은 여전히 혼란스럽고 일차원적인 상태로 남아 있다. 오늘날 남자가 된다는 것이 무엇을 의미하는지에 대해 어른 남자들뿐 아니라 소년들까지도 걱정스럽게 생각하는 것은 확실히 바로 이런 불안감 때문이다. 우리는 이것을 2019년 〈트렌드 보고서〉에서 '혼돈의 남성성' 트렌드라고 설명했다.

2018년 6월, 여론 조사 웹사이트 FiveSunteight는 자신을 남성이라고 규정하는 1,615명의 성인을 대상으로 설문조사를 했다. 여론 조사자들은 최근 언론이 미투 운동 이후 직장 내 성 불평등과 성희롱에 대해 관심을 기울인 것이 남성성에 대한 남성들의 생각을 얼마나 변화시켰는지 여부를 알아내고자 했다. 결과는 엇갈렸다. 조사 대상 남성의 53%는 사람들이 자신을 남자다운 사람으로 여기는 것이 중요하다고 말했다. 또 49%는 데이트할 때 될 수 있으면 항상 남성이 돈을 낸다고 답했다. 또 절반 이상의 남성들이 미투 운동 이후 남성들이 '성추행으로 고발될 위험이 더 커졌다'며 직장에서 남성으로 일하는 것이 불리하다고 느꼈다. 이러한 조사 결과는, 직장에서 성 역할과 불평등에 대한 평가에 직면했을 때, 많은 남성들이 여전히, 남성이라는 것이 무엇을 의미하는지에 대해 전통적(비록 시대에 뒤떨어진 것이라 하더라도)인 이상을 고수해야 한다는 사회의 압력을 계속 느끼고 있다는 것을 시사하는 것이다.

작가 사라 리치Sarah Rich는 〈더 애틀랜틱〉(The Atlantic)지에 기고한 글에서, 단지 소녀들에게 더 많은 권한을 주는 데에만 집중하는 성 평등 접근 방식이, 독단과 용기로 상징되는 보다 전통적인 남성적 행동을 따라 하는 소녀들이 더 성공할 것이라는 생각을 의도치 않게 강화시켰고, 역시 그런 전통적 남성성을 더 많이 갖고 있는 소년들을 더 성공하게 만들 것이라는 가설을 제시했다. 즉 그런 접근 방식이, 소녀들로 하여금 친절과 협조로 상징되는 여성다운 행동은 하지 않게 만든다는 것이다. 리치는 "학교 당국과 학부모들이 아이들에게, '남자 같은' 여학생이 강한 사람이고 '여자 같은' 남학생은 창피한 사람이라는 메시지를 보낸다면, 그들은 '사회가 남성성을 중시하고 보상하지만 여성성에 대해서는 그렇게 하지 않는다'고 말하는 것과 다를 바 없다."고 결론짓는다. "남자 아이들이 이런 메시지를 받으면, 진정한 남성이 되는 길은 오직 하나뿐(진정으로 남자답게 행동하는 것)이라는 혼란스러운 믿음을 강화시켜주지요. 그리고는 '여성스러운 것'으로 여겨지는 어떤 활동에도 관여하지 않습니다."

이것은 무엇을 의미하는가? 안타깝게도, 요즘 같은 시대에서도 도서관에서 ≪스위트 밸리 하이≫를 빌리려는 어린 소년은 자신의 남자다움을 보이기 위해 눈썹을 높이 치켜올려야 할 것이다.

남성 혼란

오늘날 남성적인 것이 무엇을 의미하는지에 대해 남성들이 느끼는 혼란이 미디어나 문화적 이슈로 적지 않게 다루어지고 있다. 여성들이 광고주들에게서 성차별에 관한 메시지("여성도 무엇이든 할 수 있다")를 더 많이 받고 있지만 그런 광고에서 남성들은 대개 무능하고, 맥주나 마시고, 그저 농담이나 하는 귀여운 얼간이로 묘사된다. 이러한 고정관념에 대한 불만이 팽배해 있긴 하지만 그런 광고가 계속 나오고 있다. 광고회사 MDG 어드버타이징(MDG Advertising)의 최근 조사에 따르면, 85%의 아버지들은 광고주들이 인정하는 것보다는 자신들이 아는 게 더 많다고 대답했고, 밀레니얼 세대 아버지들의 74%는 광고주와 기업 마케팅 담당자들이 '현대 가족 역동성을 제대로 모르고 있다'고 생각했다.

이에 주목하는 광고주들이 나타나기 시작했다. 바비 인형은 이제 여자아이들뿐 아니라 남자아이들에게도 판매되고 있다. 미국 풋볼리그(NFL)의 유명 쿼터백 드류 브리스Drew Brees가 출연한 P&G의 타이드(Tide) 세제 광고는 빨래하는 그의 모습을 보여주며 그를 '가정의 장비 관리자'로 설정하고 있다. 그러나 이따금씩 미디어에 이런 이미지를 보여주는 것만으로 전통적인 남성 이미지에 대한 인식을 크게 바꾸지는 못했다. 직장에서는 아직도 현대 가족의 역동성을 따라잡지 못하고 있다. 엄마들이 집에 있으면서 아이들을 돌봐야 한다는 고정관념에 대해서 몇십 년 동안 논쟁만 하고 현실을 무시해 온 우리 문화는, 하루 종일 직장에서 일을 해야 하는 '직장에 얽매인 아버지'라는 고정관념을 아직 심각하게 다루지 않고 있다.

퓨 리서치(Pew Research)의 보고서에 따르면, 오늘날 맞벌이 가정에서도 아버지는 가족의 주 수입원이며, 엄마들은 아이들의 병원 예약이나 식료품 쇼핑 같은 가사일로 자신의 일을 조정하는 것으로 나타났다. 이러한 조사 결과는 많은 회사에서 공통적으로 나타나고 있다. 예를 들어, 기업들이 공식적인 회사 방침으로는 허락할지 몰라도, 남자 직원들이 아이들 학교 행사에 참석하기 위해 회사를 조퇴하는 것이 문화적으로 받아들여지는 경우는 많지 많다.

미국 IT 전문매체인 매셔블(Mashable)에 근무하는 브리트니 리바인 벡먼Britney Levine Beckman은 "당신이 아기 기저귀를 잘

채워줬다고 자랑하는 것은 아직 직장 남자들 간에 대놓고 할 수 있는 이야기거리는 아니지요. 남성 직장인들에게는 육아휴직도 아직 일반화되어 있지 않습니다."라고 말한다. 이런 상황에서 남성들은 가정생활의 동등한 파트너(기꺼이 그럴 용의가 있다)이면서도 정서적으로 유능한 아버지가 되기를 기대하지만, 일보다 가족을 우선시하는 것을 순순히 용납하지 않는 직장과 어떻게든 조화를 이루기 위해 애쓰고 있다.

남성호르몬 테스토스테론(Testosterone)이 과대평가되는 이유

지난 수년 동안, 남성과 여성 사이에 본질적인 차이가 있다는 생각이 스탠드업 코미디에서부터 결혼 상담 접근법에서까지 모든 것의 소재가 되었다. 이 관점을 요약하자면, 남자와 여자는 본디 다르게 태어난다는 것이다. 존 그레이John Gray가 1992년에 쓴 유명한 책 제목처럼, '남자는 화성에서 왔고, 여자는 금성에서 왔다'는 것이다. 하지만 그렇지 않다면?

다른 저명한 연구원들과 마찬가지로 심리학자인 코델리아 파인Cordelia Fine교수도 이런 생각을 일종의 뇌 성차별주의(neurosexism)라며 받아들일 수 없다고 단언했다. 파인 교수는 저서 ≪젠더, 만들어진 성≫(Delusions of Gender, 휴먼사이언스, 2014)와 ≪테스토스테론 렉스; 남성성 신화의 종말≫(Testosterone Rex: Myths of Sex, Science, and Society, 딜라일라북스, 2018)에서 남성과 여성의 뇌가 본질적으로 다르다는 가정에 도전한다. 보다 구체적으로, 파인 교수는 여성보다 남성 두뇌에 더 풍부하게 존재하는 테스토스테론이라는 호르몬 때문에 남성들과 여성들에게 적합한 일이 다를 수밖에 없다는 일반적인 이론에 이의를 제기한다. 그녀는 이 이론이 거의 모든 성 고정관념, 즉 남자들이 논리적인 사고에 적합하고 여자들은 양육에 더 적합하다든가, 남자들은 더 결단력이 있고 여자들은 더 협조적이라든가 하는 생각들의 근원이라고 생각한다.

파인의 주장은 전통적 생각과 너무 달라서, 성차별과 남성의 정체성에 대한 개인적 공격이라고 간주하는 사람들도 있다. ≪테스토스테론 렉스≫가 출판된 지 6개월 만에, 아마존에 올라온 서평의 거의 절반이 그 책에 별 하나만을 주었는데, 이는 그 책의 본질적인 가치보다는 그녀의 연구에 대한 양극화된 정치적 반응을 반영하는 것으로 보인다. 그러나 파인 교수의 연구는 오늘날 우리가 성 문제를 이해하고, 이 문제를 남성과 여성의 구별이라는 차원을 넘어 논의해야 한다는 변화를 보여주는 하나의 예에 불과할 것이다.

젠더 X: 성별 구분을 하지 않는

둘 중 하나가 아니라는 성 정체성의 개념은 여전히 비주류의 생각처럼 보일지라도, 이런 생각이 점점 전 세계적으로 주류에

편입되고 있다는 징후는 있다. 한 사람의 성별이 그 사람의 생물학적 성과 다를 수 있다는 이해가 높아지고 있는 것이다.

신생아의 성별은 아기의 생식기에 따라 출생 시에 판단된다. 그러나 성별은 많은 사람들에게 정체성의 문제이다. 그것은 스스로를 어떻게 인식하고 있으며 세상과 어떻게 사회적 상호작용을 하느냐에 대한 문제다. 오늘날 성별은 한 단어로 설명될 수 없으며 그들이 세상에 어떻게 자신을 드러내는가에 따라 다양하게 설명되어야 한다는 인식이 높아지고 있다. 넷플릭스(Netflix) 리얼리티 쇼 〈퀴어 아이〉(Queer Eye)의 스타 중 한 명인 조나단 반 네스 Jonathan Van Ness는 성소수자를 위한 잡지 〈아웃〉(Out)과의 인터뷰에서 성별에 대한 자신의 관점을 이렇게 요약했다. "나는 성별이 항상 똑같지 않습니다. 어떤 날은 남자처럼 느껴지지만, 어떤 날은 여자처럼 느껴지니까요."

내가 이 글을 쓸 때, 미국의 10개 이상의 주들이 개인의 운전면허증과 신분증의 성별난에(남자를 뜻하는 M이나 여자를 뜻하는 F 대신) 중성을 뜻하는 X라고 쓸 수 있도록 허용하는 법안을 통과시켰다. 지난 10년 동안, 호주, 독일, 캐나다, 인도 등 약 12개 국가들도 여권에 제3의 성별 선택을 허용해 왔다. 세계 여러 나라들이 둘 중의 하나가 아닌 성별 지위를 점점 더 받아들이면서, 기업들도 그들이 판매하는 제품과 경험을 성별 구분을 하지 않는 (Unendering) 새로운 세상에 맞추어 대응하고 있다.

성 구분이 사라지는 소비 시장

2016년, 미국의 화장품 회사 커버걸(CoverGirl)은 첫 남성 광고 모델로 17살의 제임스 찰스James Charles를 발탁했는데, 그의 사진들은 빠르게 퍼져 나갔다. 2년 후 글로벌 화장품 회사 샤넬(Chanel)도 남성을 겨냥한 첫 메이크업 제품인 '보이 드 샤넬'(Boy de Chanel)을 출시했고, 크리니크(Clinique), 톰 포드(Tom Ford), 글로시에(Glossier) 등 다른 브랜드들도 그 뒤를 따랐다. 아마 업계의 나머지 회사들도 곧 이를 따를 것이다. 시장조사회사 얼라이드 마켓 리서치(Allied Market Research)에 따르면, 남성 화장품 시장의 규모는 매년 5% 이상의 성장률을 보이며 2022년에는 1,660억 달러(180조 3,000억원)에 이를 것으로 예상된다.

옷, 장난감, 가정용품 등 어린이용 제품을 만드는 회사들도 그들의 제품을 특정 성과는 무관하게 만들고 있다. 많은 장난감 제조사들은 분홍색(여아용)과 파란색(남아용)을 구분했던 과거의 관행에 대한 광범위한 반발을 언급하며, 보다 포괄적인 포장을 만들고 있다. 특히 취학 전 아동들을 대상으로 하는 제품에는 아예 성별을 붙이는 것을 피하고 있다.

그러나, 덴마크의 글로벌 장난감 회사 레고(LEGO)가 2012년 여자아이들을 위해 특별히 만든 레고 프렌즈(LEGO Friends)를 출시하면서 곤욕을 치른 것처럼, 장난감을 성 중립적인 것으로 전환하는 것이 전적으로 순조롭지만은 않았다. 레고 프렌즈가 출시되자 즉시 비평이 나왔다. 부모들과 언론들이 일제히 나서 왜 여자아이들에게 특별한 분홍색 레고가 필요한지 추궁했다. 레고는 성급하게 리콜을 발표하기보다는, 회사가(전 세계적으로 4,500명의 소녀들과 엄마들을 대상으로 4년 동안 실시한 조사를 바탕으로) 여자아이들을 위한 특별 제품을 개발하기 위해 어떻게 연구를 시작했으며, 그것이 왜 좋은 아이디어인지를 차분하게 설명하기 시작했다.

고객들도 동의했다. 결국 레고 프렌즈 제품은 크게 히트했고 회사는 기록적인 수익을 창출했다. 회사는 더 많은 소녀들이 레고의 블록과 피규어를 사서 가지고 놀도록 성공적으로 그들을 끌어들였고, 이것은 80년이 넘은 회사 역사에 기록에 남을 도전이 되었다.

전통적인 '소녀용 제품'으로 고안된 상품이 히트했다는 것은 상품에서 성별 구분을 지우는 것이 쉽거나 간단하지 않은 일이라는 것을 시사한다. 결국, 아이들은 어린 시절부터 여자아이들과 남자아이들에게 무엇이 받아들여지는지에 대한 사회적 단서를 받으며 자란다. 편견이 변화하는 데에는 이처럼 시간이 걸린다. 때로는 한 세대가 걸리기도 한다.

그러나 이 과정이 가속화되고 있다는 징후는 있다. 대형 광고회사 JWT의 통찰력 그룹이 최근 수행한 조사에 따르면, Z세대(1995년에서 2015년 사이의 출생자들)의 82%는 '성이 예전만큼 사람을 정의하지는 않는다'고 생각하는 것으로 조사됐다. 이 세대의 젊은이들은, 출생과 함께 그들의 정체성에 부과된 전통적인 성 역할의 한계를 인정하지 않는 것 같다. 그들이 무엇을 즐기기로 선택했는지, 또는 누구를 사랑하기로 선택했는지는 전혀 문제가 되지 않는다. 결국, 미래는 전통적인 성 구별이 더 이상 의미가 없다고 생각하는 사람들의 것이다.

언젠더링 트렌드 요약

아마도 성 정체성만큼 우리의 문화에 근본적으로 느껴지거나, 우리가 살아가며 서로 관계를 맺는 방식을 바꿀 수 있는 많은 잠재력을 가진 트렌드는 없을 것이다. 성별이 더 이상 우리 삶에서 가장 우선적인 문제가 아닌 시대, 그리고 더 이상 우리 삶을 들여다보는 프레임 렌즈가 아닌 시대가 되면, 어느 정도 혼란은 있겠지만, 자기 자신을 재창조하려는 사람들, 그리고 그들이 그들의 팀, 고객, 주변 사람들과 상호작용하는 방식에 새로운 기회를 가져다 줄 것이다.

물론 그런 트렌드에 느리게 반응하는 기업들은 기회를 놓치거나, 그런 트렌드에 민감하게 반응하는 소비자들에게 외면당하는 실수를 저지르면서 논란으로 이어지는 경우도 있을 것이다. 그러나 더 긍정적인 시각으로 보면, 과거에 성별 구분으로 제한된 제품이나 경험에 대한 시장이 더 다양한 고객들에게 개방되고, 보다 더 포용적인 일터가 조성되며, 성별을 둘 중 하나의 선택이 아닌 다양한 스펙트럼으로 보는 이들이 다양한 관점에서 더 많은 이익을 얻을 수 있는 새로운 기회가 더 많이 생겨날 것이다.

언젠더링 트렌드 활용하기

1. 불필요한 성 구분을 없애라.

사람들이 사랑하는 경험이나 성 정체성이 어떤 역할을 하는지 재발견하는 세상에서, 성공할 수 있는 제품과 서비스는 포용하고 공감하는 제품과 서비스이다. 현재의 제품과 서비스, 특히 그것들이 어떻게 포장되고 마케팅되고 있는지 자세히 살펴보고, 불필요한 성구분을 제거해 보다 포용적이고 광범위하게 활용할 수 있는 방법을 생각하라.

2. 무독성 남성성을 격려하라.

어른 남성이나 남자아이들이 전통적으로 여성적인 것을 탐구하는 데에 열정이나 호기심을 보일 때, 성급한 판단을 피하고 그들을 격려하라. 그런 경험을 강화하기 위해, 남성이나 그들의 여성 관계를 묘사할 때 성별을 구분하지 않는 이미지와 메시지를 사용해 무독성 남성성의 관점을 격려하고, 남성(특히 남자아이들)이 자신이 진짜 좋아하는 것을 좋아할 수 있게 해주고, 그들의 감정을 공개적으로 공유하게 하며, 모든 사람들을 성 정체성과 관계 없이 존중하게 하라.

3. 성에 대해 더 많이 공감하라.

성 구분이 둘 중 하나가 아니라 다양한 스펙트럼에 있는 것이라고 여기도록 생각을 바꾸는 것은 쉽지 않다. 그러나 그렇게 가르치는 지도자들, 교사들, 정치인들은 훨씬 더 큰 효과를 거둘 것이다. 과거에 왕따로 여겨졌다가 마침내 사람들에게 이해받기 시작했다고 생각하는 이들의 존경과 충성심을 얻을 테니까 말이다.

'언젠더링' 트렌드의 진화

이 메가트렌드와 관련된 과거 트렌드는 어떻게 발전되었나.

여성의 힘(2013)

기업 리더들, 대중문화, 그리고 획기적인 연구들이 모두 하나 같이, 우리의 이상적인 미래가 최전선에서 일하고 있는 강하고 혁신적인 여성들의 손에 주도되리라는 것을 입증하고 있다.

반(反) 고정관념(ANTI-STEREOTYPING)(2014 + 2016)

미디어와 엔터테인먼트 전반에 걸쳐 성 역할이 역전되기 시작했으며, 어려움 속에서도 대안적 라이프스타일이 구현되고 있고, 다양성은 증가하고 있으며, 사람이 정의되는 방식에 대한 인식도 계속 진화하고 있다.

맹렬 여성성(2017년)

독립적 맹렬 여성이 최근 몇 년간 여성성에 대한 개념을 재정의하고 성 역할을 다시 구상하면서 부상하고 있다.

사라진 성 구분(Ungendered)(2018)

전통적인 성 역할에 대한 정의가 변화되면서, 성별 개념 자체를 완전히 거부하는 사람들이 생겨났고, 제품, 경험, 심지어 자신의 정체성에서 성별을 없애는 사람들도 늘어나고 있다.

혼돈의 남성성(2019)

여성에게 더 많은 힘이 부여되고 성별에 대한 재평가가 이루어지면서, 오늘날 진정한 남성성이 무엇인가에 대해 광범위한 혼란과 불안이 야기되고 있다.

언젠더링

인스턴트 지식
INSTANT KNOWLEDGE

인스턴트 지식이라는 메가트렌드는?

사람들이 필요에 따른 토막 지식의 소비에 익숙해지면서 우리는 모든 것을 더 빨리 배우는 편리함을 얻었지만, 숙달과 지혜의 가치를 망각하는 위험을 감수하게 되었다.

대학 시절에 수업은 강의와 토론이라는 두 가지 방식으로 진행되었다. 강의 수업에서는 학생들이 주제나 주제를 설명하는 전문가의 말에 귀를 기울였고, 토론 수업에서는 교수나 조교들이 학생들을 여러 작은 그룹으로 나누고 그 주일의 연구 과제를 의미 있게 교환한다. 나는 영어 전공이었고, 강의보다는 토론 형식의 수업을 더 많이 들었다.

애틀랜타의 에모리 대학교(Emory University) 3학년 때, 노벨상을 수상한 시인 세이머스 히니Seamus Heaney의 기록 보관소가 있는 도서관에서 아일랜드 시 수업을 들었던 것이 생각난다. 그 학기에 나는 세계적으로 유명한 여키스 국립 영장류 연구소 (Yerkes National Primate Research Center) 바로 옆에서 과학 수업도 함께 들었다. 당시만 해도 그런 과목의 지식에 접근할 수 있는 유일한 방법은 긴 학기 동안 해당 과정에 등록하고 교수들에게 배우는 것뿐이었다. 그러나 오늘날에는 온라인에 접속하기만 하면 히니의 인터뷰 수십 건을 볼 수 있고, 그의 생애를 다룬 한 시간짜리 다큐멘터리도 쉽게 볼 수 있다. 또 유튜브에서 영장류의 두뇌 비대칭성 진화에 대한 강의도 들을 수도 있고 그런 주제를 다룬 온라인 강좌에 가입할 수도 있다. 하지만 온라인상에서 인터뷰나 강의를 보는 것은, 교실에서 동료들과 활발한 토론을 하거나 고명한 생각을 가진 사람을 직접 접하는 것과는 같을 수 없다. 그럼에도 온라인 강의는 일종의 대체 수단이 되었고, 좋든 나쁘든, 세계는 이런 절충안을 점점 더 많이 만들 것처럼 보인다.

오늘날 권위 있는 전문가들은 더 이상 학계의 상아탑에서만 있는 것이 아니다(이것이 대학의 가치를 위협하고 있지만). 그들은 자신들의 지식을 공유할 새로운 방법을 찾고 있는 연예인이나 아마추어 전문가들일 수도 있다. 그러나 '지식'이 단지 피상적으로 당신이 무엇을 알고 있느냐를 의미하는 단어라면, 지식은 지혜와는 다르다. 이런 메가트렌드를 일컫는 '인스턴트 지식'만을 추구하는 것은 전문지식 자체의 위기로 이어질 수 있다. 숙달할 필요 없이 누구에게든 모든 것을 배울 수 있는 세상에서, 전문지식이란 무엇을 의미하는가? 그리고 숙달의 경지에 이르는 것이 더 이상 중요하지 않아 보일 때, 오랫동안 숙달로 가는 길을 제공한다고 약속했던 대학들에 무슨 일이 벌어질 것인가?

고등교육의 위기

미국 대학생 학자금 대출이 1조 달러를 넘어섰다는 추정이 나오고 있다. 선정적인 보고서들은 2020년에 태어난 아이의 사립대학 1년 평균 비용은 50만 달러에 이를 것이라고 예측하고 있는데, 이는 전혀 근거 없는 얘기가 아니다. 그러나 고등교육 비용이 그처럼 치솟는다고 해도 학생들이 반드시 그만큼의 대가를 얻는다는 보장도 없다. 더 많은 대학들이 학문 대신 스포츠에 대한 지출을 늘리고 있다. 학계를 비판하는 사람들은 대학 시스템의 진정한 효과와 근본적인 가치에 대해 우려를 제기하고 있다. ≪대학의 미래≫(The End of College, 지식의 날개, 2016)의 저자 케빈 캐리 Kevin Carey도 그런 사람들 중 한 명이다. 그는 이 책에서 이렇게 말하고 있다. "오늘날 학생 학습의 증거는, 전통적인 대학 학위와는 거의 완전히 다르다. 대학들은 엄청난 돈을 받으면서도, 그들이 제공하는 수업과 학습의 질에 체계적으로 관심을 갖지 않는다."

고등교육의 가치에 대해 의문은, 대학 학위가 없는 것을 명예

훈장처럼 달고 다니는 성공한 최고 기업가에게서 가장 눈에 띄게 드러난다. 대학을 중퇴하고 실리콘밸리 억만장자로 변신한 사례의 빈번한 속출은, 성공하기 위해서는 대학에 가야 한다는 지금까지의 굳건한 믿음을 단번에 깨뜨리며 성공에는 많은 다른 길이 있다는 인식을 보여주었다. 이에 따라 졸업과 함께 자격증을 제공하며 현실세계 준비 과정에 집중하는 직업학교가 요즘 세대의 학생들에게 인기를 얻고 있다. e-러닝 기술의 발전으로 모든 종류의 학습이 온디맨드로 가능해지고, 대학 영역 밖에서도 접근할 수 있게 되면서, 굳이 대학 학위 취득을 불필요한 것으로 만들어 버렸다. 우리는 2013년에 이를 '학위 없는 학습'(Degree-Free Learning)이라는 트렌드라고 불렀다.

셀프 스타터(SELF-STARTERS)를 위한 학습

이러한 고등교육의 변화에 대응해, 오늘날 커리어를 위해 배우고 준비하는 사람들의 욕구를 충족시키기 위한 여러 유형의 비전통적인 조직들이 등장하고 있다. 파리의 실험적인 컴퓨터 프로그래밍 대안학교 '테크 스쿨 42'(Tech School 42)는 대학과는 근본적으로 다른 대안을 제시한다. 스스로 코드 작성법을 배우면서 누구나 그렇게 할 수 있다고 생각한 프랑스의 억만장자 자비에 니엘Xavier Niel이 2013년에 설립한 이 학교는 완전히 자유로우며 교사도 없고 교실도 없다. 학생들은 각자 자신들의 속도로 공부하고 배운다. 문제에 직면하면 학생들끼리 물어보거나 스스로 문제를 해결하도록 격려받는다.

이 학교는 야망을 높이 평가한다. 스스로 동기부여를 하고 독립적으로 일하는 훈련을 받은 사람들이 성공할 수 있다고 주장한다. 이런 셀프 스타터 기풍이 점점 인기를 끌고 있다. '60년 교육과정'에 초점을 맞추고 있는 혁신학교도 있는데, 이 혁신학교에는 많은 고등교육기관들이 참여해 성인들을 대상으로 자격증을 주는 교육과정을 제공하며 실제 직업능력이나 최첨단 주제에 초점을 맞추고 있다.

불과 20년 전인 90년대의 X세대는 흔히 '게으른 자들의 못마땅한 문화'라는 비판을 받았다. 오늘날 사람들은 이러한 사고방식을 초월하고 있다. 그들은 비록 시간에 쪼들리면서도 호기심 많고, 야심차고 기꺼이 배우려는 자세를 보인다. 그들은 자신들이 똑똑하다고 생각하며, 어떤 방식이든 접근할 수 있는 방식으로 유명 전문가에게 배울 수만 있다면, 어떤 주제든 빨리 흡수하고 이해할 수 있다고 믿는다.

나는 이런 유형의 사람을 '시간에 쫓기는 행동가'(Time-Starved Doer)로 규정하고, 2019년에 발간한 트렌드 가이드북 시리즈의 한 부문으로 포함시키기로 했다. 이 생각은 그 시리즈의 슬로건인 '전문가와 커피를 마시는 것처럼'이라는 슬로건으로 구현되었다. 그 슬로건은 오늘날 사람들의 배우는 방식에 대한 새로운 진실, 즉 전문가들과 전문지식에 직접 접근함으로써 배우고 싶어 한다는 것을 표현한 것이다. 아마도 이런 변화의 가장 큰 영향은, 사람들이 어떻게 배우느냐보다는 대부분의 학습을 얼마나 빨리 이루느냐를 중요하게 생각하게 되었다는 것이다.

광속 학습

70년 이상 세계 최고의 기타를 만들어 온 펜더사(Fender)의 앤 디 무니Andy Mooney CEO는 처음 기타를 배우기 시작한 학생 들의 약 90%가 1년도 안돼 그만둔다고 생각한다. 이런 현상은 음 악 자체뿐만 아니라 펜더의 수익에도 좋지 않다. 사람들이 기타 를 끈기 있게 배우게 하려면 어떻게 해야 할까? 무니는 기타 선 생님들과 학생들을 대상으로 이런 질문을 하며 광범위한 인터뷰 를 수행한 후 비판적인 통찰력을 얻었다. 바로 학생들의 실력이 빠르게 늘지 않는다고 느낄 때, 더 쉽게 포기한다는 것이다. 결국 기타 지망생들이 기타를 포기하지 않도록 격려하는 비결은, 단기 간에 연주하는 법을 배우게 해서 그들의 실력이 빨리 더 나아지 고 있다고 느끼게 하는 것이다. 그래서 무니는 온디맨드 동영상 교육을 제공하는 온라인 플랫폼 펜더 플레이(Fender Play)를 개발 했다. 그 생각은 적중했다. 펜더 플레이는 내가 2018년에 '새로운 기술을 습득하는 속도가 그 어느 때보다 중요해졌다'는 생각을 반영한 '광속 학습'(Light-Speed Learning)이라고 명명한 트렌드의 한 예가 되었다.

이런 트렌드가 계속되고 있다는 증거들이 많이 나타나고 있다. 인기 있는 요리 동영상 '테이스티'(Tasty)도 그런 트렌드의 한 사례다. 이 동영상은 저속 촬영 형식을 사용해 요리법과 레시피를 보여주는데, 이 채널은 2017년에 페이스북에서 월 50억 회의 조회수를 기록했다. 또 '플로캐뷰러리'(Flocabulary)라는 유튜브 채널은 역사, 수학, 과학, 문법 같은 학과목을 힙합 노래로 들려주는 동영상을 1,000개 이상 제공한다. 이 학습 방식의 성공은 간단한 진실에 근거한다. 바로 노래가 플래시 카드보다 기억하기 쉽다는 것이다.

오늘날 사람들은 수학 숙제를 하거나, 수표장을 맞추거나, 더 좋은 농구선수가 되기 위해 온라인 동영상을 찾는다. 이와 같은 인스턴트 지식 패키지는 어떤 주제에 대해 가장 빨리 배울 수 있는 방법을 제공할 뿐만 아니라, 이전에는 너무 바쁘거나 다른 방법으로 접근할 수 없었던 전문가들에 대한 온디맨드 접근을 가능하게 해주었다.

전문가에게 직접 배운다

온라인 콘텐츠는, 좋은 것이든 나쁜 것이든 누구나 자신의 생각과 창조물을 세상과 공유하는 것이기 때문에 조소당하는 경우가 많다. 그러나 이 같은 편재성 때문에 유명한 전문가에게 배울 기회에 접근할 수 있다는 부수적 이익도 있다. 특출한 희극배우 스티브 마틴Steve Martin에게 코미디를 배우고 싶은가? 패션잡지 보그(Vogue)의 사진작가 애니 레보비츠Annie Leibovitz에게서 사진을 배우고 싶은가? 러시아의 체스 그랜드마스터 가리 카스파로프Garry Kasparov와 체스를 두고 싶은가? 이들은 모두 온라인 강좌를 운영하며 비교적 저렴한 비용으로 누구와든 전문지식을 공유한다.

기술은 또 현실을 재현하는 시뮬레이션을 통해 실용적 기술을 가르치기 위해 사용된다. 배관 및 난방 산업에서는 가상 현실과 몰입형 디지털 도구들을 자격증 교육 프로그램에 사용하고 있고, 의료 산업에서도 학생들이 해부학을 배우고, 환자와 더 나은 의사소통 기술을 개발하고, 숙련된 의사들에게 수술 기술을 배우도록 돕기 위해 가상 도구를 사용하고 있다. 글로벌 물류회사 UPS도 미국과 유럽 전역의 12개 이상의 시설에서 운전자들이 도로에서 발생할 수 있는 위험에 대비하도록 돕기 위해 가상현실 교육 모듈을 사용하고 있다.

이러한 몰입형 디지털 도구가 우리가 배우는 방법과 장소를 바꾸면서, 전문지식은 이제 강의실에서뿐 아니라 더 포괄적이고 더 다양하게 배울 수 있게 되었다. 나는 이러한 추세를 2014년에 '분산된 전문지식'(Distributed Expertise)이라는 트렌드로 처음 언급한 바 있다.

그러나 이러한 인스턴트 학습은 새로운 문제를 야기하기도 한다. 우리는 이처럼 빨리 습득하는 지식을, 무언가를 보다 느리고 사려 깊게 배울 때와 같은 방식으로 항상 가공하지는 못한다. 많은 것을 조금씩 아는 것이 대세가 되면서, 적은 것을 많이 아는 사람들이 도태될 위험이 있다는 것이다. 인간 지식의 거의 전 분야에서, 습득하는 데 오랜 시간이 걸리는 지식이 사라지고 있다.

언어와 전통적 기술의 종말

2주마다, 하나의 언어가 죽는다. 유네스코가 발간하는 보고서 〈소멸 위기에 처한 언어 지도〉(Atlas of the World's Languages in Danger)에 따르면, 지난 70년 동안 230개 이상의 언어가 멸종되었다. 또 남아 있는 세계 언어의 절반에 가까운 2,500개의 언어도 어느 정도 소멸 위기에 처해 있다. 살아 있는 마지막 언어 사용자들이 죽기 전에 이러한 언어들 중 일부를 기록하기 위한 디지털 이니셔티브가 진행되고 있지만, 그런 노력이 성공해 그 언어들을 보존한다 하더라도 많은 언어들은 데이터베이스에서만 존재할 것이다.

희귀 언어들은 지난 수세기 동안 피할 수 없는 죽음을 맞았다. 우리가 사는 세계가 점점 더 연결되는 세상이 됨에 따라, 다양한 언어를 말할 필요도 점점 줄어들고 있다. 오늘날, 소수의 사람들만이 사용하는 언어를 아는 것은 일종의 의무다. 그 언어가 사라지면 세계 경제에서 그 종족의 연속성도 사라지기 때문이다. 그러나, 한 언어가 죽으면 깊은 지혜도 그 언어와 함께 사라진다. 하나의 언어가 그 종족이 인간으로서 존재하는 조건을 설명하는 방식은, 우리가 번역할 수 없는 방식으로 과거의 미스터리를 포함하고 있기 때문이다. 그 언어들에 대한 깊은 지혜와 이해가 죽어감에 따라 우리의 과거뿐만 아니라, 우리와 지구가 미래에 어떻게 살아남을 수 있을지에 대한 더 많은 지혜를 발견하고 이해하는 능력도 사라질 것이다.

항해를 위해 천체를 읽는 방법에서부터 사냥과 음식 채취에 이르기까지, 우리 선조들이 익힌 거의 모든 전통적인 기술들도 비슷한 운명을 겪을지도 모른다. 사람들은 더 이상 생존하기 위해 그 기술을 사용할 필요가 없어졌기에 기술을 구사할 능력을 완전히 잃어버렸다. 비록 그 과정은 점차적으로 진행되어왔지만, 오늘날 우리는 인간 종(種)으로서 짐승을 추적하고 돌을 던지는 것 같은, 한때 인간만이 터득했던 기술에 더 이상 능숙하지 않다. 식용 및 약용 식품에 대한 우리의 지식도 마찬가지로 계속 줄어들고 있다.

한 충격적인 연구는, 밀레니얼 세대들이 신체 활동보다는 기술과 함께 보내는 시간이 증가함에 따라 악력(grip strength)이 크게 손실될 것임을 시사했다. 미래학자이자 작가인 니콜라스 카(Nicholas Carr)는 그의 저서 ≪생각하지 않는 사람들≫(The

Shallows, 청림출판, 2011)에서 기술에 대한 이런 지나친 의존이 우리의 두뇌가 작동하는 방식을 변화시킬지 모른다고 지적했다. 그는 자신의 생각이 변화하고 있음을 증언하며 이렇게 썼다. "한때나는 말(言)이라는 바다의 스쿠버 다이버였다. 그러나 이제는 제트스키에 탄 사람처럼 겉 옷의 지퍼만 내린다."

쉽고 빠른 길을 찾는 문화

우리가 무언가를 하고 만드는 지식을 얻지 못할 때, 우리는 그 지식의 중요성을 인식하지 못할 수 있다. 우리는 일과 삶을 개선하기 위한 쉽고 빠른 지름길을 꾸준히 찾으려 하면서 전문적 기술 개발의 중요성을 과소평가한다. 오늘날의 기술은 실력을 키우고 통달의 경지에 이르는 데 필수적인 요소인 '연습'을 피하는 방법을 만들 위험을 더욱 고조시키고 있다.

조지아 공대 GVU(Graphics Visualization and Usability) 센터의 한 과학자팀은 지난 10년 동안 '열심히 배우지 않아도 감각 운동 기술을 습득'하는 수동촉각학습(passive haptic learning)을 연구해 왔다. 예를 들어, 그들은 전기 박동을 전달함으로써 무의식적으로 '근육 기억'(muscle memory)을 만들어 점자를 읽거나 피아노를 연주하는 것 같은 촉각적인 일을 열심히 노력하지 않고도 누구에게든 가르쳐주는 장갑을 개발했다. 초기 시험에서, 그 기술은 보통 몇 주나 몇 달 동안의 연습이 필요한 일을 단 몇 시간 안에 배울 수 있게 하는 것으로 나타났다.

테슬라(Tesla)의 일론 머스크Elon Musk가 직접 출자한 샌프란시스코의 뇌연구 스타트업 뉴럴링크(Neuralink)는 기억력을 향상시키고, 뇌에 작은 전극을 이식해 인간의 마음을 컴퓨터와 직접 연결할 수 있는 뇌-컴퓨터 인터페이스를 개발하기 위해 연구하고 있다. 과학자들은 우리 뇌가 새로운 자극에 적응하고 새로운 신경 경로를 형성할 수 있는 능력을 신경가소성(neuroplasticity)이라고 부른다. 예를 들어, 과학자들의 실험 결과, 단일 언어를 사용하는 사람들보다 2개 국어를 사용하는 사람들이 회백질 밀도(gray matter density, 인지능력 상승과 관련이 있는 것으로 알려짐)가 훨씬 더 높다는 것을 발견했다. 아무런 노력을 하지 않는 사람에게 회백질 밀도를 증가시키는 기술을 이용할 수 있다면 어떻게 될까?

노력할 필요가 전혀 없는, 이런 유형의 학습은 그동안 공상과학소설의 영역이었다. 예를 들어, 〈매트릭스〉 영화 시리즈에서 키아누 리브스Keanu Reeves가 분한 주인공 네오Neo는 무술 같은 오랜 노력을 요하는 기술을 그의 뇌로 직접 다운로드 받는다. 미래에는 이런 유형의 학습이 보편화될지 모른다. 하지만 그때까지는, 인스턴트 지식이라는 메가트렌드가 계속 확산하면서 우리는 매일 더 작고 현실적인 방식으로 그 비전을 향해 나아갈 것이다.

'인스턴트 지식' 요약

우리는 거의 모든 것을 때로는 권위 있는 아마추어에게, 때로는 유명한 전문가에게 더 빠르고 쉽게 배울 수 있다. 그런 정보에 대한 접근은 더 쉬워지는 한편, 고등교육 비용은 걷잡을 수 없이 상승함에 따라, 온디맨드 학습에 대한 가치는 계속 증가할 것이다. 그러나 이런 메가트렌드에도 우려할만한 문제들이 내포되어 있다.

우리는 정녕, 즉각적이고 효과적인 표면적인 지식이 깊이와 지혜를 대체하는 사회로 진입할 것인가? 더 우려되는 것은, 새로운 세대가 오직 빠른 학습에 대한 기대감 때문에 보다 깊은 학습을 위한 인내심이나 능력이 부족하게 된다면, 과연 그들이 구축한 모든 것들의 수명이나 그들이 제공하는 서비스의 안전을 신뢰할 수 있을까 하는 것이다. 이것이 우리가 미래에 직면할 질문들이다. 새로운 세대는 교육을 제공하는 사람들뿐만 아니라 가르칠 무언가를 가지고 있는 모든 사람들을 이끌어야 하고, 그들의 지식을 세계와 공유하는 방식을 끊임없이 재발명해야 할 것이기 때문이다.

'인스턴트 지식' 트렌드 활용하기

1. 컨텐츠 속도를 높여라.

오디오북 청취자의 10%는 말하는 속도가 빨라진다. 무료 교육 웹 사이트 칸 아카데미(Khan Academy) 학생들에 대한 조사에서도 비슷한 비율의 학생들이 동영상을 더 빠른 속도로 시청하는 것으로 나타났다. 최근의 한 연구는 콘텐츠의 속도를 높여도 이해에 지장을 주지 않는다는 것을 발견했다. 시간의 제한과 우리가 매일 받는 콘텐츠의 과부하를 감안할 때, 콘텐츠를 소비하는 방식을 가속화하는 것은 현명할 뿐 아니라 꼭 필요한 학습 방법이 되었다. 빠른 소비 속도가 지혜로 이어지지 않을 수도 있고, 더 큰 주제나 트렌드를 보는 능력을 방해할 수도 있지만 (이 책 1부에서 설명한 바처럼), 적어도 지식 습득은 더 빨라질 수 있다.

2. 온디맨드 학습을 제공하라.

오늘날 대부분의 소비자들이 이미 알고 있겠지만, 전자기기나 새는 수도꼭지를 고치는 가장 좋은 방법은 더 이상 제조업체의 설명서를 읽는 것이 아니다. 유튜브에서 해당 동영상을 찾아보면 간단하고 쉬운 방법을 알 수 있다. 기업들은 전문가들과 협력해 제품에 대해 이러한 온디맨드 리소스를 제공함으로써, 고객이 더 똑똑해지도록 지원하고 고객과 지속적인 유대 관계를 유지 형성할 수 있는 기회를 갖는다.

3. 깊이 있는 전문가가 되라.

많은 것을 조금씩 아는 오늘날의 세상에서, 사업, 공예, 기술에서 수십 년의 경험을 가진 사람들은 그들의 지식으로 인해 더 존중받게 될 것이다. 인스턴트 지식이 가속화되는 세상에서 몇 년 안에 성공하기를 원한다면, 한 가지 방법은 빠른 자율 학습 능력을 터득하는 한편, 균형적으로 특정 주제나 대상, 기술에 대해 의도적으로 더 깊게 파고드는 것이다.

'인스턴트 지식' 트렌드의 진화

이 메가트렌드와 관련된 과거 트렌드는 어떻게 발전되었나.

학위 없는 학습(2013)

보다 많은 학생들이 전통적인 대학 교육의 대안을 염두에 두면서, 온라인 학습 콘텐츠의 질이 폭발적으로 증가하며 좋아지고 있다.

⇩

방법 컨설팅(METHOD CONSULTING)(2013년)

성공적인 기업가와 기업들은 다른 사람들이 자신의 성공을 따라 할 수 있도록 돕기 위한 컨설팅 모델을 별도로 운영하고 있다.

⇩

분산된 전문지식(2014)

온라인 플랫폼을 통해 전문가에게서 직접 배울 수 있게 되면서, 전문지식은 이제 강의실에서뿐 아니라 더 포괄적이고 더 다양하게 온디맨드 방식으로 접근할 수 있게 되었다.

⇩

광속 학습(2018)

교육을 더 효율적이고, 매력적이고, 유용하고, 재미있게 만드는 소규모 학습 모듈의 도움으로, 어떤 주제에 대해 숙달되는 과정이 더욱 빨라졌다.

인스턴트 지식

Chapter 7

복고주의 REVIVALISM

복고주의라는 메가트렌드는?

기술에 압도되어 삶이 너무 복잡하고 얄팍해졌다고 생각하는 사람들은, 향수를 불러일으키고 우리가 서로를 더 신뢰할 수 있었던 때를 상기시켜주는 단순한 경험을 추구한다.

인기 코미디 시리즈 〈더 오피스〉(The Office) 시즌 4에서, 어리버리하지만 나름 매력이 있는 지점장 마이클 스콧Michael Scott이 자신이 다니는 제지회사 던더 미플린(Dunder Mifflin)을 위해 TV 광고를 만들기로 결심하는 장면이 나온다. 그가 회사 광고를 위해 착안한 우스꽝스럽고 어처구니없는 슬로건 '종이 없는 세상을 위한 무제한의 종이'는 곧바로 바보 같다며 조롱의 대상이 되었지만 심오하다는 평도 받았다.

실제로 종이 없는 세상이 정말로 올 것이라는 징후들이 있다. 뉴스위크(Newsweek)나 틴보그(Teen Vogue) 같은 역사가 오랜 잡지들도 디지털 버전만 발행하는 추세로 나가고 있다고 발표한 바 있다. 다국적 회계컨설팅 회사인 PwC의 〈글로벌 엔터테인먼트 및 미디어 산업 동향 보고서 2018-2022〉(Global Entertainment & Media Outlook 2018-2022)에 따르면, '비디오 게임, 녹음 음악, 홈비디오의 물리적 버전 판매가 매년 두 자리수 비율로 감소할 것'으로 예상된다. 그러나 이런 변화에 두드러지게 저항력이 있는 것으로 증명된 미디어 형태가 하나 있다. 바로 물리적으로 인쇄된 책이다.

PwC의 동 보고서는 그러면서 물리적으로 인쇄된 책의 판매는 향후 몇 년 동안 다소 증가할 것으로 예상된다고 지적한다. 나는 내 아이들이 책을 좋아하는 것을 보고 그것이 현실임을 직접 확인했다. 아이들에게 전자책(ebook)으로 된 책을 읽고 싶은지 아니면 '진짜 책'을 읽고 싶은지 물어볼 때마다 아이들은 항상 후자를 고른다.

다른 제품 카테고리에서는 젊은 세대와 노인 세대간의 선호도 차이가 있다. 연구에 따르면, 젊은 사람들은 문자 메시지를 더 선호하는 반면, 나이든 사람들은 직접 전화 통화하는 것을 더 선호한다. 그러나 물리적 책에 대한 애착은 연령과 인구통계학적 구분 없이 일관된 것으로 보인다. 업계 내에서는 이에 대해 몇 가지

논리적인 설명을 제시한다. 우선 사람들은 책 여백에 메모하는 것을 좋아한다. 또 물리적인 책을 읽는 것이 화면을 읽는 것보다 눈의 피로를 덜 일으킨다. 결정적인 것은 많은 사람들이 손으로 직접 페이지를 넘기는 것과 책의 독특한 냄새를 음미하는 것을 즐긴다는 것이다. 이러한 주장은 직관적으로도 일리가 있지만, 세대 구분 없이 물리적 책을 좋아하는 이유에 대해 더 깊은 설명도 가능하다.

나는 2013년부터 진짜 공책, 온라인 미술품 경매, 보드게임, 레코드판, 그 외 촉감적 요소와 약간의 향수가 어우러진 제품들의 인기가 얼마나 성장하는지 추적해 왔다. 그리고 그런 변화를 '소중한 인쇄물'(2013)과 '촉감 향수'(Touchworthy)(2018)이라는 두 가지 트렌드로 분류했다. 두 트렌드 모두 우리가 손으로 직접 들고 촉감을 경험할 수 있는 것들을 얼마나 소중하게 여기는지를 탐구한다. 오늘날 우리가 삶의 많은 부분을 디지털 영역에서 보내기 때문에 그런 물건들이 더 소중하게 느껴지는 것이 사실이다. 예를 들어, 사진을 인화해 전시하는 것은, 수천 장의 사진을 찍어 휴대폰이나 클라우드에 보관하고 다시 보지 않는 것과는 다른 큰 의미를 갖는다.

오늘날 우리는 우리 삶에 광범위한 변화가 일어나는 것을 목도한다. 삶의 일반적 의미가 너무 복잡해진 것에 압도된 나머지, 우리는 책이나 보드게임 같은, 향수를 불러일으키는 물건, 제품, 경험에서 위안을 찾으며 우리 삶이 좀 더 단순했던 시간을 그리워하고 있다. 이러한 변화가 '복고주의'(Revivalism)라는 메가트렌드의 핵심이다. 이 트렌드는 덜 기술적인 제품에 대한 욕구의 증가에서부터 장인의 공예품, 상징적인 복고 브랜드의 부활, 그리고 우리의 역사를 보존하고픈 열망, 삶이 더 단순했던 시대와 '그리운 옛 시절'에 이르기까지 모든 것을 설명한다.

단순한 시대의 단순한 기술

기술과 디자인은 사물을 더 낫고, 더 빠르고, 더 똑똑하게 만들 것이라고 약속하지만, 때로는 최신 버전의 제품이 이전 버전만큼 기능적인 면이나, 내구성, 안전성, 경제적이거나, 사용이 간편하지 않은 경우도 많다. 무인 자율 자동차는 안전과 편리함을 약속하지만, 해킹을 당할 수 있다. 장난감, 의류, 식기류 등 수 많은 소매 상품들은 과거 제품보다 더 싸구려로 제조된 것 같고 내구성도 훨씬 떨어지는 것 같다.

심지어 기술업계에는 소프트웨어를 업데이트할 수 없게 만들어 일부 기술이 훼손되거나 사용할 수 없게 되는 것을 의미하는 '브릭킹'(bricking, 공간만 차지하는 무용지물로 만든다는 의미의 신조어 – 역주)이라는 용어도 있다. 오늘날 휴대폰에서 스마트카에 이르기까지 모든 제품이 값만 비싸고 쓸모 없는 무용지물로 변할 수 있다.

때때로 기술에 과도하게 의존하는 것이 치명적 단점이 될 수도 있는데, 2019년 두 대의 보잉 737 맥스 비행기의 비극적 추락사고가 그 단적인 예다. 이 사고는 새로운 기능의 소프트웨어 오작동으로 발생한 것으로 확인되었는데, 조종사들에게서 비행기 조종권을 장악한 컴퓨터가 승무원들이 조종권을 다시 돌려받기 위해 필사적으로 노력하는 와중에 비행기 머리를 아래쪽으로 향하게 만든 것이다. 다행스럽게도 더 새롭고 더 스마트한 기술의 발전으로 비록 기술이 오작동을 할 때에도 대개는 이 사고처럼 끔찍하지는 않다. 그러나 보잉 737의 추락사고는 이른바 '업그레이드'된 기술이 항상 더 나은 것은 아닐 수도 있다는 믿음을 더 부각시키는 결과를 초래했다. 심지어 더 오래되고, 더 느리고, 더 덜 똑똑한 옵션이 더 바람직하다는 생각을 갖게 했다.

내가 2016년에 처음 이 변화에 대해 쓰면서, 우리는 이를 '전략적 격하'(Strategic Downgrading)라는 트렌드로 묘사했다. 이 트렌드는 3년 후인 2019년에 '의도적 격하' 트렌드로 다소 진화했다. 이 두 트렌드에 대한 통찰력은 같은 것이었다. 대부분의 경우 사람들은 격하된 옵션을 실제로 더 선호했다. 이에 대한 완벽한 예가 농업 분야에서 나왔다. 농기계 회사 존 디어(John Deere)의 새 트랙터들은 스마트 통합 기상 데이터와 소프트웨어를 장착했지만 고장 나면 수리하는 데 훨씬 더 오랜 시간이 걸려 농가의 불만을 초래했기 때문이다.

또 다른 예는, 2017년에 스마트폰의 전 세계 판매는 2% 증가하는 데 그친 반면, 앱이나 인터넷 접속이 되지 않는 단순한 전화인 소위 '바보 전화기'의 판매는 5%나 증가했다. 심지어, 스마트폰 중독을 치료하기 위해 이런 특징 없는 전화기를 찾는 사람들도 있다. 또, 하루밖에 쓸 수 없는 스마트폰 배터리에 좌절한 사람들도 바보 전화기 성장에 한몫 했다. 이와 비슷한 이유로, 많은 사람들이 웨어러블 기기를 포기하고 있다. 일부 보고서는, 웨어러블 피트니스 추적기를 구입하는 사람들의 3분의 1이 6개월 이내에 사용을 중단하는 것으로 추정한다. 사용자는 자신이 생성하는 데이터의 유용성이 제한적이라는 것을 빠르게 깨닫는다는 것이다.

사람들이 더 기초적인 기술로 되돌아가는 또 다른 이유는, 정교한 기술 제품에 압도당할 뿐만 아니라 첨단기술이 우리를 위조와 조작에 취약하게 만들 수 있다는 두려움 때문이다. 2018년 4월, 미시건대학교 컴퓨터공학과의 알렉스 할더만Alex Halderman 교수는 전자 투표기를 해킹하는 것이 얼마나 쉬운지를 보여주는 동영상을 게재했다. 소수의 시청자들이 지켜보는 가운데, 그는 실제 투표 결과가 어떻든, 특정 결과를 얻을 수 있는 악성코드로 투표기를 감염시켰다.

정치적 절차와 선거의 해킹 가능성은 세계적인 관심사다. 2016년 미국 대선에 러시아가 개입했다는 증거가 드러난 이후 이 문제는 더욱 시급해졌다. 이런 두려움 때문에 많은 사람들은 극히 저차원 기술 해결책인 종이 투표로의 회귀를 요구하기 시작했다. 할더만 교수는 조지아주 지역신문 〈애틀랜타저널 컨스티튜션〉(Atlanta Journal-Constitution)에서 다음과 같이 말했다. "투표는 마땅히 그래야 할 만큼 안전하지 않다. 가장 안전한 기술은 유권자들이 한 장의 종이에 투표하게 하는 것이다."

기술이 우리의 삶의 방식을 공격에 취약하게 만든다는 의심이 커짐에 따라, 우리는 보다 더 기초적인 기술로 되돌아가고 있으며, 우리에게 더 단순한 시대를 상기시켜주는 제품이나 브랜드로 눈을 돌리고 있다.

신뢰하는 브랜드로의 회귀

2019년 10월, 뜻밖의 광고가 독일의 아날로그 사진 잡지 〈포토 클라시크 인터내셔널〉(Photo Klassik International)의 뒤표지를 장식했다. 한 가족이 1960년대부터 차를 몰고 오래된 관광지를 다니는 모습을 담은 이 광고에는 "당신의 여행을 특별하게 만드세요. 사진을 찍어 당신의 추억을 대대로 남겨보세요!"라는 문구가 함께 실려 있었다. 이 광고의 배후에 있는 회사는 놀랍게도 코닥이었다. 코닥은 지난 10년 동안 회사가 여전히 존재한다는 것을 사람들에게 조용히 상기시켜온 것이다.

이스트먼 코닥 Eastman Kodak은 지난 2012년, 131년의 역사를 뒤로하고 파산을 선언했다. 코닥의 파산은 근시안적 회사가 얼마나 위험한지에 대해 경고하는 대표적 사례가 되었다. 코닥의 엔지니어 스티브 새슨Steve Sasson이 이미 1970년대에 디지털 카메라를 발명했다는 전설이 있지만, 회사는 디지털 사진 기술을 수용하는 대신 핵심 사업인 필름 판매를 보호하기로 선택했다. 오늘날 이 브랜드는 예전 모습의 그림자다. 1990년 이후 회사의 연간 매출은 거의 90%나 줄었다. 그리고 지난 10년 동안 10만 명 이상의 직원을 줄였다. 그러나 쇠퇴와 사망 소문이 도는 와중에도 코닥은 작은 부활을 경험하고 있다. 디지털 만능 시대가 도래하기 전에 성장한 우리들에게 코닥은 역사의 일부였다. 우리는 아직도 코닥 필름을 사고 그것이 우리 인생의 가장 소중한 순간을 기록하고 되살리는 데 도움이 될 것이라고 믿었던 시절을 기억한다. 오래된 사진 뒷면에 새겨진 코닥 로고는, 그 상표가 말 그대로 우리의 기억 속에 각인되어 있음을 상기시켜준다.

코닥은 2017년부터 회사의 유산과 아날로그 제품 마케팅에 치중하면서, 브랜드에 대한 사람들의 호감과 아날로그 경험에 대한 사람들의 복고적 열망을 최대한 활용해 왔다. 회사는 상징적인 슈퍼8(Super 8) 카메라를 다시 출시하고, 결코 사라지지 않는 열성 매니아들을 위해 엑타크롬(Ektachrome) 필름의 생산을 재개했으며, '아날로그 문화'를 기념하기 위해 코다크롬(Kodachrome)이라는 오프라인 잡지를 발행하고, 패션 소매업체와 제휴해 브랜드

로고가 새겨진 복고풍 유행 의류를 선보였다. 코닥의 복귀는, 팽배한 디지털 문화에 회의적인 소비자들이 과거에 기억하던 브랜드로 눈을 돌리면서 업계 전반에 걸쳐 일어나고 있는 많은 이야기들 중 하나일 뿐이다.

30, 40대들이 어린 시절부터 게임을 하던 과거를 되살리려고 애쓰면서, 아르헨티나 부에노스아이레스에서부터 캐나다 에드먼턴에 이르기까지 전 세계 곳곳에서, 술과 음식을 판매하는 복고풍 상가 '바케이드'(barcade)가 크게 성장했다. 또 소니, 닌텐도, 세가 같은 전통적 비디오 게임 제조사들도 1980년대와 90년대의 인터페이스와 게임을 되살리는 고전 게임을 새롭게 선보이면서 대부분 큰 인기를 끌었다. 예를 들어, 30개의 게임이 장착된 닌텐도 엔터테인먼트 시스템 클래식(Nintendo Entertainment System Classic)은 처음 출시되자마자 60달러짜리 콘솔이 즉시 매진되었고, 이 게임 콘솔은 이후 경매사이트 이베이(eBay)에서 수백 달러의 가격이 붙었다.

과거에 대한 강력한 매료 열풍은 엔터테인먼트 산업에도 불고 있다. 〈쥬라기 공원〉, 〈토이 스토리〉, 〈매트릭스〉 같은 과거의 인기 영화 시리즈들이 새로운 속편을 발표했다. 왕년의 명배우들이 자신이 분했던 역할을 다시 연기하기 위해 돌아오고 있다. 패트릭 스튜어트 경Sir Patrick Stewart은 새 〈스타트랙〉 시리즈에서 장 뤽 피카드 선장(Captain Jean-Luc Picard) 역을 다시 연기하고 있다. 해리슨 포드Harrison Ford는 〈스타워즈〉의 한 솔로(Han Solo), 인디아나 존스Indiana Jones, 그리고 〈블레이드 러너〉(Blade Runner)의 릭 데커드Rick Deckard의 역할로 다시 돌아왔다.

오늘날 너무나 많은 선택이 우리를 압도하는 세상에서, 우리는 우리가 기억하고 사랑하는 영화, 프랜차이즈, 제품, 게임으로 시계를 되돌리고 있다. 그리고 더 중요한 것은 그것들이 우리를 실망시키지 않으리라는 것을 우리 스스로 알고 있다는 것이다.

오늘날까지 이어지는 장인 공예품의 매력

이같은 변화는 소비자에게 옛날 방식으로 만들어져 시간의 테스트를 견뎌낸 물건들을 찾도록 유도하고 있다. 바로 장인 제품과 전통 공예이다. 이런 제품들을 사는 것은 그 자체로도 의미가 있고 가치 있는 구매 경험을 제공할 뿐만 아니라, 값싼 일회용 물품의 소비에 대한 새로운 해소 방안이 되기도 한다. 예를 들어, 150년 이상 우산을 만들어 온 탈라리코(Talarico) 가문의 장인들이 이탈리아 나폴리의 작은 작업장에서만 파는 세계 최고의 우산을 생각해 보라. 이 우산들은 마리오 탈라리코와 견습생인 그의 조카가 현지 이탈리아산 나무를 사용해 손으로 만든 제품으로, 한 개 만드는 데 7시간이 걸린다. 그 가게에서는 1년에 겨우 220개의 우산을 개당 200유로에 판다.

자동차로 몇 시간 가야 하는 스위스 도시 뇌샤텔(Neuchâtel)

에는 세계 최고의 시계공으로 불리는 한 남자가 소유한, 작업장으로 사용하는 성(城)이 있다. 카리 보틸라이넨Kari Voutilainen은 시계 산업의 오스카상이라 할 수 있는 제네바 시계 그랑프리(Grand Prix d'Horlogerie de Genève)에서 다섯 차례나 최고상을 받았다. 그는 매년 약 50개의 시계를 만들며, 그의 고객들은 그가 만든 시계에 7만 5,000 달러에서 50만 달러까지 지불한다.

전세계적으로 널리 사랑 받는 제품을 만드는 장인들의 수가 줄어들면서 그런 사람들을 찾기가 점점 더 어려워지고 있다.

이런 장인들이 창조한 아름다운 물건들은 이제 역사와 전통 속으로 사라져가며 어렵게 전승되고 있다. 우리는 그런 물건들을 살 때, 우리가 과거와 연결된다고 느낀다. 우리가 그들의 제품을 살 때, 우리는 얼굴도 모르는 대기업이나 온라인 상점에서가 아니라, 우리가 아는 누군가가 직접 손으로 만든 물건들을 사던 시대로 되돌아간다. 우리가 그런 물건들을 살 때, 우리는 물건을 만든 사람에게서 직접 구매하기 때문에 정확하게 믿을 수 있는 제품이라고 생각한다. 우리가 장인 공예품에 애착을 느끼는 것은, 과거의 어느 제품에 연결되려는 열망뿐만 아니라, 과거에 모든 일이 어떻게 이루어졌고 우리가 서로 어떻게 관계를 맺었는지를 기억하고 싶은 열망이기도 하다.

파괴의 역사와 디지털 보존

복고주의 메가트렌드의 마지막 요소는, 우리가 구입하는 물건들보다는 복잡한 현재에 대처하기 위해 과거를 보존하고 그로부터 배우려는 우리의 열망과 더 관련이 있다. 기술이 점점 더 정교해지고, 공상과학소설에서만 가능했던 미래를 향해 질주하면서, 과거를 너무 많이 잊어버릴까 걱정스럽다. 과거를 디지털 형태로 보존하려는 노력에서 이런 우려가 더욱 뚜렷하게 나타나고 있다.

2018년 9월, 대화재가 200년 된 브라질 국립박물관을 황폐화시켰다. 몇 년 전에는 이라크와 시리아에서 고의적인 역사적 유물 파괴가 자행되었다. 두 사건 모두 문화의 파괴와 역사의 황폐화가 예방할 수 없을 것이라는 슬픈 현실을 보여준다. 이러한 재해를 예측하거나 반격할 수는 없겠지만, 지난 10년 동안 '디지털 보호자'를 자처하는 팀들이 3D 스캐너, 위성 이미지, 드론을 이용한 지도 제작 등의 기술을 종합적으로 사용하기 위한 이니셔티브를 시작했다. 기술에 정통한 젊은이들로 구성된 소규모 팀들이, 예상치 못한 일이 일어나기 전에 그들의 기억을 보존하기 위해 전 세계 곳곳에 흩어져 역사적 유적지의 사진을 찍기 시작한 것이다.

기록된 인류 역사에서 현재를 구하고 기억하려는 열망은 항상 있었다. 지난 100년 동안 우리는 사진이나 비디오 기술 덕분에 이러한 열망을 보다 시각화할 수 있게 되었다. 그런 계획들은 과거를 현재의 관점에서 경험하고 접근하기에 더 쉬운 것으로 만들어주었다.

이것이 복고주의 메가트렌드의 마지막 요소다. 지금까지 이 트렌드와 관련해 보드게임을 하거나 장인이 만든 우산을 사는 즐거운 향수를 불러일으키는 경험을 이야기했지만, 이 마지막 요소야말로 우리 자신과 미래 세대를 위해 과거를 보존하고 보호하기 위한 더 나은 방법을 찾는 것이 얼마나 현실적이고 시급한 일인지를 냉정하게 일깨워준다.

'복고주의' 요약

복고주의 메가트렌드는 무엇보다도, 점점 더 빠르게 변하는 세상에 대한 대응 메커니즘으로서 더 단순했던 시대로 되돌아가려는 우리의 폭넓은 열망을 반영한다. 우리는 향수와 과거를 낭만적으로 묘사하는 경향에 자극을 받아, 장인의 제품, 더 기초적인 기술, 그리고 세월의 고비를 넘긴 오래된 브랜드를 추구한다. 우리는 그 단순했던 시기를 문화적으로 기억나게 하는 것들을 찾아 현재의 우리 자신을 위해 재현시키고 있는 것이다.

그렇게 함으로써 과거와 물리적인 물건들에 관심을 기울이고 있지만, 완전히 사라지기 전에 그런 공예품들을 보존하기 위해 최신 기술을 사용한다는 것은 아이러니가 아닐 수 없다. 결국 복고주의 메가트렌드는 과거를 보존하는 것에 그치지 않고 과거를 되살리는 트렌드다.

'복고주의' 트렌드 활용하기

1. 역사를 공유하라.

가능할 때마다 당신 회사의 역사를 보존하고 카탈로그를 만들어라. 그렇게 하기 위한 한 가지 방법은, 회사에서 일하고, 제품을 만들고, 마케팅하는 것에 대한 직원들의 이야기를 모두 모으는 것이다. 그런 이야기들은 소비자와의 참여를 높일 수 있을뿐 아니라, 회사의 전설이 되어 문화 구축, 채용 및 교육, 마케팅 및 PR에 중요한 풍부한 컨텐츠를 제공하게 될 것이다.

2. 고전 모드(classic mode)를 제공하라.

소비자들은 때로는 단순한 기본 기능만 있는 제품을 사기 원한다. 최고의 회사들은 이를 위한 쉬운 방법을 제공하고 있다. 예를 들어 마이크로소프트사는 새 운영체제를 출시할 때마다 사용자가 사용하던 이전 버전의 인터페이스를 클래식 보기로 되돌릴 수 있도록 허용한다. 최신 삼성 갤럭시 휴대폰은 초절전 모드로 전환하는 모드가 있는데, 이 모드에서는 배터리를 절약하기 위해 전화 거는 기능을 제외한 거의 모든 기능이 꺼진다. 당신 회사도 제품이나 서비스에 대한 고전 모드를 제공하는 방법을 찾아보라.

3. 경험을 모을 수 있게 하라.

사람들이 실물의 책이나 미술품 같은 촉각 제품에 매력을 느끼는 것은 그런 물건들을 모으려는 욕망 때문이다. 우리는 우리의 컬렉션을 완성하거나 의미 있는 작품을 추가할 때 성취감을 느낀다. 우리가 입국 심사 때 여권에 새로운 도장을 받는 것을 좋아하거나, 물건을 살 때에도 낱개로 사는 것보다 세트로 사는 것을 좋아하는 것은 이 때문이다. 수집될 수 있는 인쇄물을 만들어 고객들이 그것을 모으기 위해 계속 다시 찾아오게 하는 고객 경험을 제공하는 것을 생각해 보라.

'복고주의' 트렌드의 진화

이 메가트렌드와 관련된 과거 트렌드는 어떻게 발전되었나.

소중한 인쇄물(2013 + 2017)

디지털 혁명의 결과로, 사람들은 인쇄물 형태의 물리적인 물건에 더 많은 가치를 둔다.

⇩

전략적 격하(2016)

소비자들은 때로는, 업그레이드 버전을 일부러 마다하고 더 간단하고 저렴하고 기본 기능에 충실한 버전을 선택한다.

⇩

과거 보존(PRESERVED PAST)(2017)

기술은 역사를 보존하는 새로운 방법을 제공하고 있으며, 그 과정에서 우리는 과거로부터 배우고 이를 경험하고 기억하는 방법을 바꾸고 있다.

⇩

간절한 치유(DESPERATE DETOX)(2017)

기술, 잡다한 미디어, 넘쳐나는 기기들이 우리 삶에 점점 더 스트레스를 주면서, 사람들은 잠시 멈추고 다시 생각할 수 있는 시간을 찾고 있다.

⇩

촉감 향수(2018년)

디지털 기술에 압도되고 모든 것을 화면으로만 보는 것에 싫증이 난 소비자들은 직접 만지고 느낄 수 있는 제품과 경험을 찾고 있다.

의도적 격하(2019)

복잡한 기술 제품이 부담스러워짐에 따라 소비자들은 더 간단하고 저렴하고 기본 기능에 충실한 버전을 선택한다.

복고에 대한 신뢰(2019)

흔히 누구를 믿어야 할지 잘 모르는 오늘날의 소비자들은, 문화 역사에서 풍부한 유산을 가지고 있는 브랜드나 강한 향수를 가지고 있는 브랜드를 찾고 있다.

↓

복고주의

Chapter 8
휴먼 모드 HUMAN MODE

'휴먼 모드'라는 메가트렌드는?

우리를 서로 고립시키는 기술에 싫증이 난 사람들은, 공감을 주도록 고안되고 인간에 의해 전달되는 실제적이고 진실한, 그리고 '완벽하지 않은' 경험을 추구하며 그것에 더 큰 가치를 부여하고 있다.

2008년 미국이 금융 위기에 빠졌을 때, 몇 명의 기술자들로 구성된 팀이 알고리즘을 기반으로 자산 운용을 조언하는 자동화 도구인 '로보 어드바이저'(robo-advisor)를 만들었다. 이 도구 덕분에 고객은 재무 조언자를 직접 만나 상담할 필요가 없어졌고, 재무 조언자의 잠재적 편견과 개인적 욕심도 배제할 수 있었다. 그로부터 2년 후, 존 스타인Jon Stein이라는 기업가가 이 도구를 기반으로 로보 어드바이저 플랫폼 베터먼트(Betterment)를 창업했다. 베터먼트는 빠르게 성장해 30만 명이 넘는 고객에게 서비스를 제공하며 164억 달러의 자산을 관리하게 되었다. 10년 후 베터먼트는 금융계를 놀라게 하는 발표를 하게 된다. 바로 고객 조언에 인간 자문 옵션을 추가한 것이다. 운용 자산에 대한 수수료를 더 주는 대가로 고객들은 인간 자문가들에게 무제한으로 접근할 수 있게 되었다. 금융 서비스 자동화를 선도하는 회사가 방침을 바꿔 인간 자문가의 조언을 프리미엄으로 제공하는 이유는 무엇이었을까? 바로 첨단 자동화의 기회가 있어도 우리 삶의 특정 측면에서는 여전히 진짜 사람들과 협상하는 편을 선호한다는 것이 밝혀졌기 때문이다.

많은 산업에서, 비용을 절감하고 효율성을 높이기 위해 인간이 주도하던 고객과의 상호작용을 자동화된 기술로 대체하고 있다. 소매업체들은 계산원이 없는 계산대를 시험하고 있다. 기업들은 인공지능 챗봇을 통해 고객 서비스를 제공한다. 또 드론 기술과 자율주행 트럭의 혁신으로 완전 자동화된 가정배달의 미래가 성큼 다가오고 있는 것처럼 보인다.

맥킨지의 최근 보고서는, 현재 사람들이 임금을 받고 수행하는 활동의 45%가 미래에 자동화될 것이라고 추정했다. 그러나 이 같은 자동화 혁명이 일어나는 와중에 인정 많고 숙련된 실제 사람들과의 상호작용을 수반하는 인간적 옵션의 가치와 필요성이 산업 곳곳에서 다시 부활하는 징후들도 나타나고 있다. 이런 현상이 점점 커지면서 기업들은 그들의 제품과 서비스에 인간미를 보여주고 고객들을 즐겁게 하기 위해 개인적인 접촉을 강화하는 방식으로 대응하고 있다.

이것이 바로 우리가 수년 동안 쌓아온 휴먼 모드(Human Mode)라는 메가트렌드다. 2011년 첫 번째 트렌드 보고서를 발표했을 때, 나는 회사 직원들과 마케팅에 대한 놀라운 이야기들을 다루는 기업들이 점점 늘어나고 있다는 트렌드에 대해 쓴 적이 있다. 우리 팀은 그 트렌드를 '직원들이 영웅이다'(Employees as Heroes)라고 명명했는데, 1년 후 우리는 '기업 휴머니즘'(Corporate Humanism)이라는 트렌드를 다시금 확인했다. 이는 기업들이 더 투명해지고 인간적인 면을 보여주기 위해 얼마나 노력했는가를 설명하는 트렌드다. 우리는 또 2014년에 가장 인간적인 이야기들이 온라인상에서 어떻게 확산되고 공유되는지를 설명하고 이 트렌드를 '인간성 공유'(Shareable Humanity)라고 명명했다.

이러한 트렌드들은 일관된 주제를 다루고 있다. 도처에 기술 붐이 일고 있는 세상에서도 인간성이 그 어느 때보다도 중요하다는 조짐이 보인다는 것이다.

가짜가 판치는 세상에서의 진정성

이러한 변화를 설명하기 위해, 이른바 '명품'에 대해 생각해 보자. 오늘날 소비자들이 제품 자체보다는 경험에 돈을 쓰고 싶어한다는 사실은, 과연 제품을 명품으로 만드는 것이 무엇인지에 대한 재평가를 촉구하고 있다. 2018년에 우리는 소비자들이 진짜 원하는 소위 명품 경험은 배타성이나 사치성에 대한 것이라기보다는 그 제품 또는 그 제품에 담긴 스토리가 얼마나 인간적인지에 대한 것이 되어가고 있다는 사실을 발견하고, '더 가까워진 명품'(Approachable Luxury)이라는 트렌드를 발표했다.

이런 트렌드를 보여주는 회사는, 광고잡지 〈애드위크〉(Adweek) 가 '미국에서 가장 멋진 브랜드'라고 언급한 바 있는 가죽 제품 소매업체 샤이놀라(Shinola)이다. 디트로이트에 본사를 둔 이 회사는 불과 9년 만에 미국 전역과 런던에 31개의 매장을 가진 회사로 성장했다. 이 회사 성공의 한 요인은 많은 회사들이 포기한 도시에 매장을 열겠다는 약속이 담긴 '메이드 인 디트로이트'(Made in Detroit)(샤이놀라는 회사가 생산하는 시계, 가죽 의류 같은 프리미엄 제품들을 외국이 아닌 미국에서 만든다는 '자부심'을 강조하는 광고 캠페인을 벌였다 – 역주) 이야기를 십분 활용했기 때문이다. 샤이놀라의 특별한 스토리와 함께, 구식의 가죽 공예 제품에 대한 향수가 진품을 찾는 소비자들의 마음을 사로잡은 것이다.

샤이놀라 제품을 구매하는 고객들은 자신들이 미국의 가장 오래된 도시 중 하나를 재건하는 데 도움을 주고 있다는 것을 잘 알고 있다. 샤이놀라의 시계 하나 가격이 500달러나 하지만, 그 시계를 만드는 곳은 스위스가 아니라 자동차 도시 디트로이트라는 사실이 미국 소비자들에게 더 진정성 있게 느껴진다.

샤이놀라의 이야기는, 소비자들이 어떤 물건을 사거나 그에 대해 시간을 투자할 가치가 있는지 결정하기 전에 그것이 얼마나 인간적이고 진정성이 있는지를 묻고 있다는 것을 여실히 보여준다. 소비자들이 진정성을 얼마나 선호하는지 보여주는 또 하나의 특별한 사례는, 수천 명의 시청자들이 자기들이 잘 알지도 못하는 출연자들이 푸짐한 식사를 하는 것을 보기 위해 채널을 맞추는 한국 TV 먹방쇼(mukbang shows)의 폭발적 인기다. 이 쇼의 인기에 대한 평가는 다양하다. 출연자들이 한 번 앉은 자리에서 여러 끼를 먹는 것을 보면서 대리 만족을 느끼는 다이어트 여성 팬들 덕분에 인기가 있다고 말하는 사람들도 있고, 특히 온라인에서 가짜가 판치는 세상에서 진짜에 대한 더 깊은 욕망을 반영한다고 주장하는 사람들도 있는데, 사실 이런 주장을 입증할 증거는 많다.

취약함과 불완전성에 대한 찬사

소셜미디어에는 경박한 콘텐츠가 많다고 생각하기 쉽지만, 그런 어리석음 속에 인간성을 추구하는 진정한 순간들도 적지 않게 섞여 있다. 사람들은 온라인상에서 취약점을 포용할 뿐만 아니라 친구, 가족, 팔로워, 심지어 완벽히 낯선 사람들과도 그들의 삶 속의 슬프고, 불안정하고, 격동적이고, 불완전한 순간들도 함께 공유한다. 사실, 오늘날의 흐름은 '완벽'이라기 보다는 취약함과 진정성이 혼합되어 있는데, 우리는 이런 트렌드를 '불완전성'이라고 명명했다.

3억 회 이상의 조회수를 기록한 영화배우 안나 아카나Anna Akana의 유튜브 채널은 다른 여배우나 음악가들의 유튜브 채널과 비슷해 보일지 모른다. 그녀의 유튜브는 자신의 일상적인 운동과 젊은 여성 시청자들을 겨냥해 그들의 힘을 북돋아주는 귀여운 동영상들을 다루고 있다. 그러나 그녀의 가장 인기 있는 동영상은 거의 10년된 동영상으로 다른 유튜브 채널의 동영상과는 확실히 다르다. 그 동영상에는 '제발 자살하지 마세요'라는 제목이 붙어 있다. 자신이 직접 촬영한 4분 44초 분량의 이 동영상에서 아카나는 그녀의 여동생이 자살한 후 그녀와 가족들이 겪은 일을 공유한다. 그녀는 사랑하는 사람들에게 똑같은 일이 일어나지 않게 하라고 시청자들에게 눈물로 간청한다. 그것은 연기가 아니라 가슴이 찡한 진정한 호소였고 충분히 널리 확산될만한 가치가 있었다.

널리 알려진 또 다른 예는 배우이자 코미디언인 에이미 슈머 Amy Schumer다. 그녀는 달력 사진 촬영에서 부분 나체 포즈를 취함으로써 자신의 불완전함을 드러냈다. 그녀는 소셜미디어에 다음과 같은 메시지를 올렸다. "여자들은 아름다울 수도 있고 저속할 도 있으며, 마를 수도 있고 뚱뚱할 수도 있고, 예쁠 수도 있고 못생겼을 수도 있으며, 섹시할 수도 있고 비호감일 수도 있으며, 물론 완벽할 수도 있습니다. 그것이 여자입니다." 그녀의 그런 시도는 연예인들이 자신에 대해 개방적인 태도를 취하면서도 팬들의 인기를 끌 수 있다는 현실을 보여준다. 그것은 또한, 오랫동안 비현실적인 신체 기준을 고집한다고 비난 받아온 연예계와 패션 산업이 불완전성을 중시하는 방향으로 나아가고 있음을 보여주는 신호이기도 하다.

2017년 5월, 패션잡지 엘르(Elle)는 색소의 손실로 인해 피부 일부가 하얗게 보이는 백반증 모델 위니 할로우Winnie Harlow를 표지 모델로 실었다. 이후 많은 기업들이 광고에서 좀 더 현실적인 모델을 사용하고 있고, 일부 기업들은 과도한 사진 수정을 반대하는 '포토샵 금지' 서약에 서명하기도 했다. 서로의 결점을 감추지 않고 더 많이 보이는 것은 더 많은 공감과 이해를 이끌어내는 행위다. 이런 공감을 적극적으로 보여주고 제품과 서비스에서 과감하게 시도하는 기업을 수용하는 성향이 점점 더 커지고 있다.

공감에 투자하는 기업들

2017년 1월, 영국의 유통 대기업 테스코(Tesco)는 스코틀랜드의 한 매장에 의도적으로 느린 계산대를 만들었다. 노인, 신체장애나 정신 질환을 가진 사람들, 그리고 계산에 더 많은 시간이 필요하거나 직원의 도움이 필요한 사람들은, 대중을 상대로 빠른 경쟁을 하는 소매업체에서 소홀히 여겨지는 경우가 많다. 이런 상황에서 테스코가 그런 사람들을 위해 '특별히 편안한' 계산대를 고안한 것이다.

우리는 최근 몇 년 동안, 많은 기업들이 과거에 소홀히 여겨온 사람들을 위해, 테스코가 시도한 것과 유사한 경험을 만들어내기 위해 노력하는 것을 목도하고 있다. 예를 들어 스타벅스는 워싱턴 D.C.에 있는, 청각장애인을 위한 교육에 집중하는 것으로 유명한 갤러뎃대학교(Gallaudet University) 근처에 '수화만 쓰는' 매장을 열었다. 이 외에 마이크로소프트, 독일의 다국적 소프트웨어 기업 SAP, 포드자동차 같은 대기업들도 자폐나 난독증이 있거나 비장애인들과는 다른 능력을 가진 사람들을 더 많이 고용하기 위한 이니셔티브에 투자하고 있다.

스페인 마드리드의 프라도 미술관(Prado Museum)은 시각 장애인들이 유명한 그림들을 터치로 경험할 수 있도록 6개의 작품을 3차원으로 복제해 전시하고 있다. 미국 패션 브랜드 타미 힐피거(Tommy Hilfiger)는 장애인 친화적 의류 브랜드 타미 어댑티브(Tommy Adaptive)를 출시했다. 이 제품에는 장애인들이 조작하기 쉬운 자석 단추, 보철물을 착용하고도 입기 편한 넓은 개구부가 있는 옷들이 포함되어 있다.

기업들의 이런 이니셔티브는 직원들과 고객에 대한 공감을 경험의 변방이 아닌 중심에 두고 있으며, 이를 기업으로서 마땅히

짊어져야 할 사회적 책임으로 생각하고 있음을 보여주는 것이다. 그러나 더 중요한 것은, 기업들이 이런 노력을 통해, 보다 충성도 높은 인력을 충원하는 일에서부터 더 많은 힘을 갖게 되고 더 까다로워진 고객의 관심을 끄는 일에 이르기까지, 회사에 중요한 영향을 미치는 결과를 구현할 수 있다는 것이다.

어떤 경우에는, 공감에 초점을 맞추는 이런 노력이, 사람들이 근본적으로 세상을 보는 방식과, 우리와는 다른 사람들(장애를 갖고 있거나 피부색이 다르거나 가난한 사람들)의 경험과 사고방식을 이해하는 방식을 바꾸는 데 도움이 될 수도 있다. 비엔나의 마그다스 호텔(Magdas Hotel)이 아주 좋은 예다. 이 호텔은 규모는 크지 않지만, 부유한 여행객들과 난민 어린이들을 함께 수용한다. 유럽의 비영리 단체 카리타스(Caritas)가 시작한 이 프로젝트는 그동안 소외되어온 사람들과 공감할 수 있는 강력한 방법을 제공한다.

가상 공감(Virtual Empathy)

가상 현실(VR)은 우리를 낯선 상황의 시뮬레이션 속으로 데려다주는 몰입형 콘텐츠를 제공한다. 가상 현실은 또, 극심한 가난 속에서 살거나 전쟁의 위협을 받는 사람들처럼 우리와 다른 상황에 처한 사람들의 입장을 경험하게 해주기도 하며, 우리의 환경을 더 잘 이해하는 데에도 도움을 준다. 결국 가상 현실이 우리를 더 인간적으로 만들어줄지도 모른다.

영화감독 크리스 밀크Chris Milk의 강력한 VR 영화 〈시드라의 구름〉(Clouds over Sidra)은 12살 소녀 시드라의 눈을 통해 시리아 난민들의 일상적 현실을 있는 그대로 경험할 수 있게 해준다. 스탠포드대학교 연구진이 만든 또 다른 VR 영화 〈1,000컷의 여정〉(1,000 Cut Journey)은 젊은 흑인이 동료 학생이나 경찰관들에게서 마주하게 되는 인종차별을 시청자들이 직접 경험하게 해 준다. 또 영국 가디언지(the Guardian)의 한 프로젝트는 독방에 수감된 죄수가 어떤 느낌인지를 시청자들이 직접 느끼게 해준다. 이런 콘텐츠 제작 열기는, 내가 2016년에 '가상 공감'이라는 이름을 붙이면서 추적해 온 트렌드의 사례들이다. 밀크 감독이 2015년 TED강연(기술, 엔터테인먼트, 디자인 등 세 분야의 세계 최고 명사들이 참여하는 첨단기술 관련 강연회 – 역주)에서 잘 표현한 것처럼, VR은 '세계에서 가장 위대한 공감 기계'다. 우리가 다른 사람들을 더 잘 이해하도록 도울 수 있는 높은 잠재력을 가지고 있기 때문이다.

VR기술이 계속 발전됨에 따라 우리의 참여 능력도 향상될 것이다. VR 기술은 단지 엔터테인먼트 경험을 가져다주는 것을 넘어 더욱 광범위하게 사용될 것이다. 이미 소비자 요구를 더 잘 이해하기 위한 제품 생산에 사용되고 있고, 교육 분야에서도 우리가 배우는 방식을 바꾸고 있으며, 우리의 공감을 확장시키는 다른 여러 분야에 사용되고 있다.

절망적 외로움

전 세계적으로 외로움이 기하급수적으로 상승하는 것을 완화하기 위해 기업가들이 창의력을 집중적으로 발휘하고 있다. 인간의 공감에 대한 가치가 이곳보다 더 분명하게 나타나는 곳은 아마도 없을 것이다. 물론 이같이 외로움이 급상승하는 원인이 전적으로 기술에 있는 것은 아니다. 트럭 운전기사처럼 본질적으로 외로운 직장에서 일하기 때문일 수도 있고, 사랑하는 사람들이 세상을 떠난 후 남겨진 사람들이 스스로의 삶을 지속하기 위해 어려움을 겪기 때문일 수도 있다. 사람들은 이런 외로움을 너무 끔찍하게 생각하기 때문에 외로움과 싸우기 위한 특별한 대안들을 찾고 있다.

그런 대안으로 사소한 범죄를 저지르는 사람들도 있다. 예를 들어, 일본에서는 모든 여성 죄수들의 20%가 65세 이상이다. 많은 여성들이 구속되기 위해 의도적으로 가게 물건을 훔치고 감옥에 들어간다는 것이다. 한 여성은 이렇게 말했다. "나는 감옥에서 내 삶을 더 즐깁니다. 이곳에는 항상 사람들이 있어서 외로움을 느끼지 않으니까요. 밖에 있을 때에는 기대할 것이 아무것도 없었지요."

외로움에 대한 이야기에는 절망과 자포자기가 뒤섞여 있다. 많은 경우, 외로움은 고령화와, 한때 삶의 일부였던 사회와 가족 네트워크의 상실과 맞물려 있다. 어쩌면 외로움은 장수(長壽)의 결과이기도 하다. 우리는 더 오래 살 수 있게 되었지만 노령화된 우리 자신을 돌볼 젊은 사람들은 더 적어지고 있다. 일본 같은 나라에서는 이미 이런 현상이 나타나고 있으며, 나머지 국가들도 곧 이런 인구통계학적 현실에 직면하게 될 것이다. 미국에서는 2030년이 되면 노인 인구가 어린이들보다 더 많을 것으로 예상된다.

미국 은퇴자협회(AARP)에 따르면, 65세 이상의 노인들 중 거의 90%가 나이든 후에도 가정에서 살기를 원하는 것으로 조사됐다. 따라서 노인 인구를 돌보고 그들의 삶의 질을 보장하는 것은 매우 시급한 일이 되었다. 실제로 노인들이 집에서 여생을 보낼 수 있다면, 건강을 더 잘 유지할 수 있을 것이라는 의학적 증거는 충분하다. 그러나 대부분의 가정은 가족 구성원들이 집에서 나이든 친척들을 돌보거나 그들을 도와줄 사람을 고용할 수 없다. 외로움을 포함한 많은 문제들이 발생하는 이유다. 아이러니하게도 우리가 이 문제에 대한 인간적인 해결책을 찾는 데 기술이 도움을 줄 수 있다.

애완동물과 디지털 아바타

일본에서 외로움에 시달리는 또 다른 그룹은 사무실에서 장시간 일하면서 가족이 없는 샐러리맨들이다. 게이트박스(Gatebox)

라는 회사는 월간 구독료를 내고 구입할 수 있는 '홀로그램 아내'라는 가상 도우미를 만들었다. 홀로그램 아내는 퇴근하고 돌아오는 당신을 마중하고, 아침에 당신을 깨우기도 하며, 심지어 하루종일 문자를 보내 당신의 안부를 확인할 수도 있다. 이것이 너무 극단적인 이야기라고 생각된다면, 세계에서 가장 친근한 로봇으로 고안된 지보(Jibo)를 예로 들어 보자. 2017년 말 지보가 처음 출시되었을 때, 초기 고객들은 지보를 매우 좋아했다. 타임지는 지보를 그해의 최고 발명품 중 하나로 선정하고 표지에도 실었다. 그러나 안타깝게도, 지보를 만든 회사는 1년도 채 지나지 않아 문을 닫았다. 따라서 조만간 서버가 중단될 것이다. 지보를 잃는 것이 가족 구성원을 잃는 것과 같다고 말하는 고객들도 있다. 잘 디자인된 로봇에게 일어날 수 있는 감정적 애착도 그 정도로 깊은데, 실제 살아 있는 사람의 디지털 아바타에서 그런 일이 생기면 그 상실감은 더 커질 수 있다.

케어코치(care.coach)라는 한 스타트업은, 태블릿 화면에서 고객들과 상호작용하는 귀여운 애완동물 모양의 디지털 아바타를 제공한다. 이 아바타는 고객들에게 약 먹는 시간, 다음 진료예약 시간을 알려주고 심지어 물을 좀 더 마셔 수분을 유지하라는 권고까지 한다. 사실 이 아바타는 화면 뒤에서 아바타의 목소리를 조작하는 실제 직원들이다. 태블릿에는 한쪽 방향으로만 작동되는 동영상 기능이 있어서 케어코치(care.coach) 직원이 카메라를 통해 고객을 계속 지켜보고 있는 것이다. 이 직원이 고객이 넘어지는 것을 보거나 의학적 치료가 필요하다고 판단되면 즉시 도움을 요청한다. 더 중요한 것은, 케어코치(care.coach) 직원들이 고객의 추억을 공유하고, 고객의 이야기에 귀를 기울이고, 책을 읽어주고, 우정을 쌓아가며 고객들과 의미 있는 방식으로 관계를 맺는다는 것이다.

고객들에게 케어코치(care.coach)의 아바타는 애완동물과 친구 역할을 모두 해주는 존재다. 아바타는 고객의 상태를 지속적으로 확인하고 그들이 필요로 하는 모든 것을 돕는다. 케어코치(care.coach)의 고도로 개인화된 서비스는 기본적인 돌봄 필요뿐만 아니라 정서적인 필요까지 고려한다. 친숙하고 안전한 곳에서 살고 싶고, 자신들을 이해하는 누군가와 대화하고 싶어하는 고객들의 열망에 전적으로 공감해 주는 것이다.

자동화의 성장으로 오히려 진정 바람직하고 가치 있는 것은 인간의 경험이라는 사실이 더욱 분명해지고 있다. 우리는 직접 얼굴을 마주보는 상호작용을 갈망하고 있으며, 개인이든 기업이든 제품이든, 역설적으로 불완전함 때문에 진정성 있는 것으로 여기고 신뢰한다. 기술은 흔히 비인간적인 힘이라고 비난받아 왔지만, 최근에는 실제와 같은 홀로그램이나 로봇과 상호작용하고, 디지털 아바타를 통해 사람들과 교류하며, 가상 현실을 통해 공감을 불러일으키는 경험을 통해, 보다 인간적인 경험을 가능하게 해주는 새롭고 가시적인 방법을 제공하고 있다.

이런 혁신은 우리가 고령화에 대처하는 방식을 극적으로 변화시킬 뿐만 아니라, 외로움을 관리하고 누군가와 교제하고 싶은 욕구를 충족할 수 있도록 도울 것이다. 그러나 기술이 가능하게 해준 이 같은 접촉이 그런 물건들을 살 재정적 여유가 있는 사람들에게만 허용되는 사치품으로 여겨질 수 있다는 위험성도 존재한다. 미래에는 그러한 인간 경험에 대한 욕구와, 그런 경험들을 (재정 능력에 관계없이) 모든 사람이 이용할 수 있도록 하는 데 드는 비용 사이의 긴장감이 기회인 동시에 새로운 갈등의 원인이 될 수 있을 것이다.

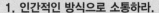

1. 인간적인 방식으로 소통하라.

기업에서 이해할 수 없는 문구들이 너무나 자주 즉흥적으로 사용되고 있지만, 그 문구에 익숙하지 않은 사람들은 쉽게 오해할 수 있다. 나는 한 기업가가 '호도할'(obfuscate) 의도가 없다고 말하면서 자신의 말이 진실이라고 주장하는 것을 본 적이 있다. 그러나 그런 잘 알아듣지 못하는 단어를 쓰는 기업가를 신뢰하기는 어렵다. 미래에는 대화에서 비즈니스 전문 용어를 조리 있게 빼고 보다 인간적인 방식으로 소통하는 기업과 리더들이 가장 큰 신뢰를 받게 될 것이다.

2. 속도가 아니라 인간성을 위해 혁신하라.

혁신이라는 단어는 기술, 특히 기술을 한 단계 업그레이드 하는 것과 동의어로 흔히 사용된다. 그러나 혁신은 실제로 어떤 일을 하는 새로운 방법을 찾는 것을 말하며, 가장 좋은 혁신은 경험을 더 빠르거나 더 싸게 만드는 것이 아니라 인간적 경험을 향상시키는 데 초점을 맞추는 것이다. 테스코의 '느린' 계산대가 매장 방문을 재창조해 더 많은 공감을 불어넣은 것처럼, 당신의 경험에도 더 많은 인간성을 가져오게 하라.

3. '불완전성'을 수용하라.

만약 피사의 탑이 기울어지지 않았다 해도 오랜 기간 동안 관광 명소가 되었을까? 결점이 있는 것들이 매력적으로 보이는 이유는 역설적으로 그 결점이 그 물건을 더 진짜처럼 보이게 하기 때문이다. 우리가 이런 생각을 기업이나 우리 자신에게 적용하면 매우 중요한 교훈이 될 것이다. 당신의 결점을 공유하는 것은 당신의 정직함과 취약함을 보여주는 것이기 때문에 사람들이 당신을 신뢰하게 만드는 진실된 근거가 될 수 있다. 결함이 있다는 것은 당신을 더 인간적으로 보이게 만들 것이며, 당신이 인간적으로 보이는 것이야말로 점점 더 많은 상황에서 당신에게 가장 중요한 것이 될 것이다.

'휴먼 모드' 트렌드의 진화

이 메가트렌드와 관련된 과거 트렌드는 어떻게 발전되었나.

호감경제학(2011)
인플루언서들이 기업에 사회적 자본을 빌려주며 대부분의 인간적 브랜드가 승리할 수 있도록 돕는다.

누구나 연예인이 될 수 있다(APPROACHABLE CELEBRITY) (2011)
소셜미디어는 우리를 이전에는 접근도 할 수 없었던 연예인 반열에 올려 놓았다.

직원들이 영웅이다(2011)
대기업이든 소기업이든 직원들의 이야기를 다루며 인간성을 보여주고 있다.

기업 휴머니즘(2012)
많은 기업들이 '기업은 얼굴이 없다'는 통념을 깨고 인간성을 보여줄 수 있는 방법을 더 많이 찾고 있다.

인간성 공유(2014)
사람들이 소셜미디어에 인간성에 대한 놀라운 사례들을 더 많이 공유하고, 기업들도 소셜미디어 광고에 더 많은 것을 담으려고 노력함에 따라 소셜미디어에서 공유되는 콘텐츠는 더욱 공감을 얻고 있다.

가상 공감(2016 + 2018)

낯선 눈으로 세상을 보는 몰입 기능 덕분에, 가상현실 체험의 증가는 인간과 기업에 더 많은 공감을 불어넣어 줄 것이다.

더 가까워진 명품(2018)

명품은 이제 더 이상 희소성과 특권으로 정의되지 않으며, 공유할 가치가 있는 순간들을 만드는 진정한 인간 경험을 통해 정의되고 있다.

(매력적인) 불완전성(2014, 2015 + 2017)

사람들이 개인적, 인간적인 경험을 더 추구함에 따라, 기업들은 그들의 제품과 경험을 더 진실되고 매력적으로 만들기위해 의도적으로 개성, 기발함, 의도적 결함을 이용하고 있다.

휴먼 모드(2018)

자동화가 증가함에 따라, 사람들은 개인적이고 진정한 경험을 추구하기 위해 다른 사람들의 조언, 서비스, 그리고 그들과의 상호작용을 중요시하기 시작했다.

기업 공감(2019)

기업의 공감 능력이 기업의 혁신과 수익의 원동력이 되고, 제품, 서비스, 고용 및 경험을 차별화하는 포인트가 되고 있다.

휴먼 모드

관심의 가치 ATTENTION WEALTH

관심의 가치라는 메가트렌드는?

정보 경제에서 우리의 관심은 가장 소중한 자원이다. 따라서 우리는 관심을 끌기 위해 우리를 조종하려는 사람들을 더 의심하게 되고, 더 진정한 방법으로 의사소통하는 사람들을 더 찾게 되고 더 신뢰하게 된다.

텍사스에서 개최되는 인기 있는 사우스바이 사우스웨스트 페스티벌(SXSW)로부터 처음 강연 요청을 받았을 때, 나는 그만 실수로 전체 프로그램을 확인하고는, 내 강연 시간대에 다른 세션들이 무려 27개나 잡혀 있다는 것을 알고 말았다. 내 걱정은 강연에 사람들이 많이 나타나지 않을까 하는 것보다는, 내 강연에 참석한 사람들이 몸은 강의실에 있으면서도 강연에 참석하느라 보지 못한 다른 세션에 마음이 빼앗기지 않도록 어떻게 그들의 주의를 끌 것인가 하는 것이었다.

좋은 기회를 놓치고 싶지 않은 마음(FOMO)은 강력한 감정이 될 수 있다. SXSW에서도 어느 세션에 참가한 사람들이, 같은 시간대의 다른 세션이 좋다는 얘기가 소셜미디어에서 뜨면 곧바로 일어나 그쪽으로 이동하는 것으로 유명하다. 고맙게도 내 강연에서 그런 대탈출은 벌어지지 않았지만, 다른 강연에서는 그런 일이 일어났다고 나중에 들었다.

그 행사 몇 주 후에, 나는 SXSW가 좋은 기회는 항상 놓치기 마련이라는 좋은 예가 되었다는 기사를 썼다. 내용은 대강 이러했다. "어느 행사에서든, (동시에 진행되는) 모든 것의 최소한 95%는 놓칠 수밖에 없습니다. 어떤 세션에든 참석하게 되면 다른 세션을 보지 못하는 대가가 따르니까요. 우리는 포기하기로 선택한 다른 모든 것들을 그때는 항상 아쉬워합니다."

진정으로 전적으로 참여하는 사람은 없다. 이 말은 모든 사람들이 자신이 참석해 있는 세션에서나, 참석하지 못한 다른 어떤 세션에서나 어디서든 100%의 경험을 온전하게 하지 못한다는 뜻이다. 안타깝게도, 이것은 우리가 매일 마주치는 문제다. 우리는 관심을 쏟아야 할 선택지가 너무 많아 결정이 마비될 수 있다. 우리가 관심을 집중하는 기간이 짧아지고 있다는 보고서들은 그다지 도움이 되지 않는다. 우리가 제한된 시간 동안 집중할 수 있다 해도, 주변의 방해물들이 그것을 더 어렵게 만들고 있다. 오늘날 우리의 관심은 점점 더 선별적이 되고, 마음속 관심을 불러일으키기도 어려워지고 있다.

그러나 우리의 관심은 조직, 브랜드, 정치인, 우리 친구와 동료 네트워크에 매우 소중하다. 지금은 '관심의 가치'(Attention Wealth)라는 메가트렌드에 의해 움직이는 세상이기 때문이다('관심의 가치'는 정보가 주도하는 사회를 설명하기 위해 사용한 용어다). 오늘날 가장 큰 정치적, 재정적, 사회적 영향력을 미치는 사람은 우리의 관심을 가장 잘 끌 수 있는 사람들이다. 이에 따라 우리의 관심을 끌기 위한 경쟁은, 우리의 관심을 이용해 돈을 벌거나 권력을 구축하려는 사람들 사이에서 치열한 전쟁으로 비화되었다. 그런 전투의 영향이 우리 문화 곳곳에서 나타나고 있다.

기업들은 자신과 제품을 홍보하기 위해 더 큰 볼거리를 만들어낸다. 뉴스 사이트의 선정적인 헤드라인은 우리의 클릭을 이끌어내기 위해 온갖 유혹을 구사한다. 정치인들은 길가의 끔찍한 자동차 충돌처럼 우리의 주의를 끄는 도발적 트윗을 보내 인기를 얻으려 한다. 우리의 관심을 끌기 위한 전투에서 승리하는 사람들은, 충격이나 위압감이라는 무기로 공격한 사람들일 것이다. 예견된 일이지만, 그들의 과시적 행위가 우리를 세상에 대해 더 회의적으로 만들었고, 누구를 신뢰할 것인지를 더 까다롭게 만들었으며, 순간적으로나마 우리의 관심을 사로잡았던 것에서도 주의를 돌리게 만들었다. 결국 그들은 우리의 관심을 끌기 위해 더 큰 볼거리를 만들고 있다.

볼거리가 난무하는 시대

플러그택(Flugtag, 인간동력 비행기 대회 - 역주)는 아마도 실패를 지켜보려는 사람들의 가장 큰 연례 모임일 것이다. 참가팀들은 인간 동력 비행체를 만들어 가능한 멀리 날기 위해 경쟁하지만 대부분은 발사대에서 멀리 못가고 발사대 아래의 물 속으로 여지 없이 추락한다. 이 행사는 에너지 드링크 브랜드 레드불(Red Bull)이 후원하는 많은 볼거리들 중 하나다. 레드불은 볼거리를 이용해 돈을 버는 방법을 찾아낸다. 이 브랜드는 극한 상황에서 산악 자전거 타기 행사를 주최하고, 수백만의 사람들이 온라인에서 라이브로 지켜보는 가운데 세계 최장 초음속 자유낙하 행사를 기획한 것으로도 유명하다. 지난 10년 동안, 이 브랜드는 TV프로그램 제작, 인기 잡지, 수십 회의 이색 경기와 묘기 대회를 개최하는 등 미디어 제국을 구축했다.

레드불은, 우리의 관심을 끌어들여 돈을 벌고 싶어 하는 다른 수백 개 브랜드들에게 유사한 길을 열어주었다. 이들이 개최하는 행사들은 재미있고 낯설지만 과장된 것들도 많다. 예를 들어, 스낵 회사 프리토 레이(Frito-Lay)는 온라인과 동시에, 뉴욕 타임스 스퀘어에 있는 리플리의 믿거나 말거나 박물관(Ripley's Believe It or Not) 내에 치토스 박물관(Cheetos Museum)을 열었다. 이곳에는 '치즈브라함 링컨'(Cheesebraham Lincoln)이나 '로치즈 몬스터'(Locheese Monster) 등, 고객들이 아이디어를 낸 것으로 알려진, 유명 인사나 인기 있는 것들로 만든 치토스가 전시되어 있다. 치토스 박물관 뒤로는 별난 아이스크림들이 전시되어 있는 아이스크림 박물관(Museum of Ice Cream)과, 마시멜로 구덩이, 설탕 구경거리인 캔디토피아(Candytopia) 같은 팝업 아트 전시물이 이어져 있다. 내가 이 책을 마무리할 무렵 동네 쇼핑몰을 방문했는데, 그곳에도 돈을 내고 끔찍하게 생긴 할로윈 캐릭터들과 사진을 찍는 할로윈 셀카 박물관(Halloween Selfie Museum)이 있었다.

이런 전시물들이 최고의 셀카를 위한 완벽한 설정을 제공해 주고, 더 다채롭고 흥미진진하며 인스타그램에 올릴만한 볼거리로 방문객들을 즐겁게 해준다. 그들은 같은 사진을 찍고, 같은 광경을 수없이 많은 다른 사람들과 공유하면서도 독특한 경험을 하고 싶어 하는 우리의 열망에 정확히 호소한다. 2019년에 우리는 이런 트렌드와 이런 트렌드를 활용하려는 그룹들을 통틀어 '전략적 볼거리'(Strategic Spectacle)라고 불렀는데, 그 이후 우리는 이 트렌드가 계속 증가하는 사례들을 많이 보았다.

소매업체들의 볼거리 전략

소매업체들도 호기심을 불러일으키는 볼거리로 고객의 관심을 끌기 위한 전략을 채택하고 있다. 매장은 고객이 상품을 사는 곳에서 상품을 경험하는 곳으로 변화하고 있다. 의류 및 가구매장 마틴패트릭3(MartinPatrick3)는 전통적인 소매업 범위를 뛰어넘어

10년 이상 이 일을 해왔다. 미네소타 트윈 시티(Twin Cities, 미네아폴리스와 세이트폴, 두 도시를 칭함 - 역주) 외곽의 130년 된 창고에 있는 이 매장은 독특한 조합의 제품을 판매한다. 바로 세련된 남성복과 인테리어 디자인 서비스와 가구를 함께 팔고 있다. 정감 있는 곳으로 잘 알려진 MP3에는 술집과 이발소까지 딸려 마치 작은 도시의 한 블록처럼 운영되고 있다. 이 매장이 많은 다른 매장들과 특별히 차별화되는 것은, 단골고객들은 이름을 불러가며 맞이하고, 신규 고객들은 예상치 못한 다양한 제품과 쇼맨을 동원한 고객 관리로 놀라게 한다. 매장에 걸어 들어오는 순간부터 고객들을 즐겁게 한다.

전자 상거래가 성장하면서 오프라인 소매업체들은 오랫동안, 소비자들이 오프라인 매장을 그저 제품 실물을 구경하는 전시장으로 여기고 실제 구매는 아마존과 같은 다른 온라인 업체에서 하게 될 것이라는 우려를 해왔다. 이 두려움이 너무 커지자 한 호주 매장은, 매장에 들어왔다가 아무것도 사지 않은 고객에게 소위 '관람료'를 부과하기도 했다. 그러나 시간이 흐르면서 오프라인 소매업체들은, 먼저 고객의 관심을 사로잡은 다음 그들이 매장이나 자체 온라인에서 물건 구매까지 완료하도록 유도하면서, 보다 기억에 남고 몰입적인 멀티채널 경험을 제공하는 쪽으로 초점을 전환했다. 이 전략은 실패한 브랜드들까지도 자신들을 혁신하는 길이 되고 있다. 예를 들어, 장난감 유통업체 토이저러스

(Toys 'R' Us)는 파산 신청을 한 지 불과 2년 후인 2019년에, 아이들이 '통로를 뛰어다니며 새로운 장난감을 가지고 놀' 수 있는 일련의 체험 매장을 열 것이라고 발표했다.

고객 데이터를 기반으로 안경산업의 판도를 바꾼 와비 파커(Warby Parker), 고객의 의견을 반영해 제품을 만드는 화장품 회사 글로시에(Glossier), 그리고 가장 유명한 온라인 거인 아마존 등, 전통적인 소매업체들을 밀어내며 성공의 길을 달려온 많은 디지털 우선 브랜드들조차도 오프라인 매장을 열기 시작했다. 이러한 노력들 중 상당 부분은 볼거리를 제공하는 것과 관련이 있다. 삼성의 갤럭시 허브는 브라질 리우데자네이루에서 열린 하계 올림픽 동안 올림픽 브랜드 전화기와 소장가치가 있는 수집품들을 판매했고, 온라인 매트리스 판매업체 캐스퍼(Casper)는 바쁜 맨해튼 사람들을 위해 예약제로 낮잠을 잘 수 있는 장소인 드리머리(Dreamery)를 만들었다. 이런 모든 경험은 고객의 관심을 끌 수 있는 가장 믿을만한 전략인 스토리텔링을 활용한다.

스토리텔링 기술

백스토리텔링(Backstorytelling) 아이디어는 과거 여러 보고서에서 되풀이된 트렌드로, 나는 10년 이상 이에 대해 쓰고 가르쳐 왔다. 전략가이자 강연자로서 나는 지난 15년 동안, 브랜드 스토리텔링의 중요성에 대해 열정적으로 홍보해 왔다. 나는 조지타운

대학교 대학원에서 비즈니스 스토리텔링 과정을 개설하고 가르쳤다. 이야기는 강력한 도구이다. 인간의 두뇌는 여러 가지 사실보다는 매력적인 이야기에 더 관심을 기울이기 때문이다. 이것을 잘 알고 있는 브랜드는 이야기를 통해 우리의 관심을 끌기 위해 노력하고 있으며, 그들의 뒷이야기와 취약점을 공유함으로써 우리의 신뢰를 얻고 있다. 두바이의 뷰티 인플루언서 후다 카탄 Huda Kattan이 좋은 예다.

이라크계 미국인 메이크업 아티스트, 기업가이자 소셜미디어 유명 인사인 카탄은 자신을 '모든 사람의 뷰티 친구'라고 불리기를 좋아한다. 실제로 그녀는 그렇게 불리기에 전혀 손색이 없다. 그녀는 인스타그램에 4,000만 명이 넘는 팔로워를 가지고 있고, 타임지가 선정한 '인터넷에서 가장 영향력 있는 사람들' 중 한 명으로 선정되었으며, 자신의 이름을 딴 후다 뷰티(Huda Beauty)라는 화장품 브랜드를 만들어 빠르게 성장하고 있다.

두바이에 살고 있는 카탄은 블로그에서 사람들의 질문에 답하고, 최신 제품의 사용법을 보여주는 교육 동영상에 출연하며 팬들을 계속 사로잡고 있다. 그녀는 자신의 쇼에서 자신을 접근하기 쉬운 '옆집 친한 친구' 스타로 설정해 팬들의 충성심을 얻고 결국 그들을 자기 브랜드의 고객으로 만들었다.

화장품 대기업들은 카탄처럼 고객의 관심을 끄는 힘을 갈망하고 있다. 2018년 한 해 동안, 화장품 및 개인용품 산업에서 10년 만에 가장 많은 52건의 인수 합병이 이루어졌다. 대기업들이 작은 업체를 인수하는 이유는, 만들기 그다지 어렵지 않은 그 업체의 제품 때문이 아니라, 비록 회사는 작지만 설립자의 충성스러운 많은 팬들의 관심의 가치를 높이 평가했기 때문이다. 카탄 같은 인간 인플루언서가 있는가 하면, 최근에는 인공 인플루언서가 증가하고 있는데, 이들 중 몇몇은 그들의 팬들에게서 인간 못지않은 열광적 충성심을 불러일으킨다.

인위적 영향력(Artificial Influence)

16세의 팝 슈퍼스타 하츠네 미쿠Hatsune Miku(初音ミク)는 전세계 공연에서 모두 매진을 기록했고, 그녀의 노래 동영상 조회 수는 1억 건을 돌파했으며, 기업의 상품을 홍보해서도 많은 돈을 벌었다. 하지만 그녀의 가장 흥미로운 점은 그녀가 소셜미디어에서 빠르게 유명해졌다는 것이 아니다. 그녀가 다른 연예인과 다른 점은 그녀가 인간이 아니라는 것이다. 미쿠는 애니메이션 캐릭터다. 소셜미디어에서 인기가 높아지면서 도요타 코롤라 같은 자동차를 홍보하기도 하고, 인간 보조요원들과 함께 라이브 콘서트에 나서기도 한다. 그녀는 자신이 태어난 곳으로 추정되는 일본 삿포로시의 대변인이기도 하다.

이 같은 인공 스타는 미쿠만이 아니다. 런던의 패션 사진작가 카메론 제임스 윌슨Cameron-James Wilson이 만든, 검은 피부의 '디지털 슈퍼모델' 슈두(Shudu)도 있다. 가수이자 배우인 리한나Rihanna가 만든 화장품 회사 펜티 뷰티(Fenty Beauty)의 립스틱을 바른 슈두의 디지털 사진이 온라인에서 소문이 퍼지자, 윌슨은 기업들로부터 제휴 제의를 받았고, 이후 슈두는 디지털 아트 이상의 존재가 되었다. 인스타그램에서 수많은 팔로워를 거느린 또 다른 디지털 인플루언서 릴 미켈라Lil Miquela는, 2019년 초에 실제 인간 모델 벨라 하디드Bella Hadid와 함께 의류회사 캘빈 클라인(Calvin Klein)의 광고에 출연해 찐한 키스를 나누어 화제가 되었다. 이 같은 인공 연예인들의 등장은 모두 우리의 관심을 사로잡기 위한 새로운 접근법이며, 우리는 2019년에 이런 현상을 '인위적 영향력' 트렌드라고 썼다.

대개의 경우, 미쿠, 슈두, 릴 미켈라 같은 인공 인플루언서들은, 기업들이 관심을 끌어 들이기 위한 새로운 방법을 찾는 데 애를 먹는 대상층인 청소년 고객들의 관심을 불러 일으키면서 성공한다. 결국 이런 인공 인플루언서들은 이제는 성인 소비자의 규모를 넘어선 까탈스러운 젊은 고객들의 관심을 끌어들임으로써 기업의 수익원을 확보하는 자석의 역할을 하게 될 것이다. 이런 인공 인플루언서들은 당초부터 우리의 관심을 끌기 위해 세심하게 만들어졌기 때문에 진짜와 가짜 사이의 경계를 모호하게 만들었을 뿐 아니라, 우리가 누구를 진짜라고 믿어야 할지 알 수 없을 정도로 어렵게 만들고 있다. 이 같은 문제는 한 걸음 더 나아가

인공지능을 사용해 서로 다른 사람의 얼굴과 몸을 교묘하게 합성한 동영상이나 사진을 조작해 오해의 소지가 있는 장면을 연출하는 이른바 딥페이크(deepfake) 기술까지 등장하며 한층 더 위험해졌다.

관심을 파괴하는 딥페이크

2016년, 딥페이크 기술이 필리핀의 대통령 선거 결과를 뒤집은 것으로 알려지면서 이 기술은 전 세계 미디어들로부터 악평을 받았다. 필리핀 대통령 후보였던 레일라 드 리마Leila de Lima 상원의원이 일련의 위태로운 성적 상황에 처해 있는 모습을 보여주는 가짜 동영상들이 페이스북에 유포되었고, 결국 이 동영상은 그녀가 로드리고 두테르테를 이길 수 있는 기회를 무산시키는 데 결정적 기여를 했다. 승리는 결국 두테르테에게 돌아갔다.

논쟁을 불러일으킨 필리핀 선거가 끝난 몇 달 후, 시카고대학교 연구팀은 사람이 쓴 식당 평가와 구별할 수 없는 가짜 식당 평가를 쓸 수 있는 신경망을 구축했다. 이 팀의 벤 자오Ben Zhao 연구원은 이 기술이 "무엇이 진짜이고 무엇이 진짜가 아닌지에 대한 우리의 믿음을 흔들어 놓을 수 있는 잠재력을 가지고 있다"라고 말했다. 그의 말이 옳을 것이다. 이기적인 의도를 가진 사람이나 회사들이 우리의 관심을 사로잡고 진실을 왜곡하는 컨텐츠를 만드는 데 도움을 주는 기술은 계속해서 더 정교해질 것이다. 결국 우리는 겉보기에 사실이 확인된 합법적 사실 자료에 의해 만들어진 콘텐츠조차도 믿기 어려워질 것이다.

관심과 조작된 분노

뉴욕타임스는 2016년 도널드 트럼프가 대통령 선거에서 승리한 이후 첫 분기 동안 구독자 증가가 사상 최고를 기록했다고 보도했다. 온라인 구독자는 한 달도 안되는 기간 동안 30만 명 넘게 증가했다. 시장조사기관 닐슨(Nielsen)의 TV 시청률 자료에 따르면, 폭스 뉴스(Fox News), CNN, MSNBC 등 케이블 뉴스 프로그램은 모두, 2017년 2분기에 두 자릿수의 시청률 증가를 기록했다. CNN은 14년 만에 최고 분기 시청률을 기록했고, 폭스 뉴스는 케이블 뉴스 역사상 가장 높은 시청률을 기록했다.

일부 관찰자들은 그 같은 시청률 증가가, 사람들의 적개심과 정의감을 부추기는 자극적 형태의 미디어가 성장한 탓이라고 설명하기도 한다. 시청자나 독자들의 분노를 일으키기 위해 의도적으로 기사와 헤드라인을 만든다는 것이다. 이는 진보 성향이나 보수 성향을 불문하고 모든 언론에서 똑같이 자주 사용하는 기술이다. 이 기술이 효과적으로 사용되면 무시할 수 없는 힘을 발휘한다. 결국, 분노 자극은 뉴스 미디어 산업에서 이익의 원동력이 되었다. 우리는 그런 자극적 뉴스에 관심을 기울이지 않을 수 없기 때문이다.

업계에서는 언론이 사실과 편향되지 않은 보도에 더 집중해야한다는 목소리가 크지만 시청자들은 케이블 뉴스의 전형이 된 과장 보도와 논평에 이끌려 그런 매체에 관심과 보상을 주게 된다.

나는 2017년에 이 트렌드에 대해 처음 쓰면서 이를 '조작된 분노'(Manipulated Outrage)라고 명명했다. 그 아이디어는 그해에 가장 자주 언급된 트렌드의 하나가 되었다. 오늘날 우리는 온라인에서도 '조작된 분노'가 폭발적으로 늘어나는 것을 목도하고 있다. 그런 콘텐츠는 우리의 분노로 이익을 얻거나 이용하려는 사람들에 의해 소셜미디어로 퍼져나가 빠르게 확산된다. 우리는 또 중요하고 긴급하다고 간주되는 뉴스들을 끊임없이 찾아내기 위해 필사적으로 노력하는 24시간 뉴스 채널의 일상화된 선정주의에 그대로 노출되어 있다. TV로 방송되는 그런 모든 잡동사니 뉴스에서 현실의식에 대한 공유는 찾아볼 수 없다.

좋은 소식은, 이 트렌드의 주기가 한계에 도달하고 있다는 조짐들이 나타나고 있다는 것이다. 미디어에서 선정주의가 만연해짐에 따라, 사람들은 그들이 읽고 듣고 보는 것을 더 이상 점점 믿지 않게 되었다. 실제로 중요하지 않은 것에 대해서도 우리의 즉각적인 주의를 필사적으로 요구했던 모든 뉴스 '속보'들에 대해 이제는 둔감해진 것이다. 컬럼비아대학교 법학 교수, 팀 우Tim Wus는 그의 저서 ≪주목하지 않을 권리≫(The Attention Merchants, 알키, 2019)에서 이것을 '각성 효과'라고 부르며 이렇게 설명한다. "그런 뉴스들이 지나치게 많이 쏟아지거나, 사람을 속이거나, 고의적으로 조작되는 등 잘못 사용되고 있다고 시청자들이 믿기 시작하면, 그런 반응은 미디어에 중대한 상업적 결과를 초래할 수 있을 만큼 심각하고 오래 지속될 수 있기 때문에 미디어들은 새로운 접근법을 개발해야 할 것이다."

세상이 불에 휩싸여 있다고 판단된다면, 왜 연기 냄새가 날 때까지 그에 대해 걱정하느라 시간을 낭비한단 말인가? 그러나 안타까운 것은, 연기가 막 나고 있는데도 그것이 단지 연기나는 기계일 뿐이라고 주장하는 사람들이 많다는 것이다. 나는, 우리가 누구를 믿어야 할지, 무엇을 믿어야 할지, 어디에 관심을 두어야 할지 모르는 이런 상황을 '현대적 믿음의 위기'라고 불렀다. 그런 일이 일어나면, 우리는 우리가 진정으로 믿을 수 있다고 느끼는 유일한 근원으로 눈을 돌려야 한다. 그것은 바로 우리 자신이다.

더 많은 정보, 더 편협해진 마음

브랜드, 미디어, 정치인들이 우리의 관심을 끌기 위해 경쟁하며, 무엇이 사실이고 무엇이 사실이 아닌지에 대한 경계를 모호하게 만드는 가운데에서도, 우리는 우리의 필요에 따라 선별적으로 집중하는 데 능숙해졌다. 우리는 내면으로 눈을 돌려 핵심 신념에 집중하고, 그런 신념을 공유하는 사람들과 동조한다. 그 과정에서 우리는 우리와 다른 관점에 대해 점점 더 폐쇄적이

되어가고 있다. 우리는 지난 2018년에 그런 트렌드를 '진실 추구'(Truthing)라고 불렀다. 이러한 자기성찰적 트렌드가 나타난 현상 중 하나는, 어디에 관심을 기울여야 할지에 대한 도움을 받기 위해 개별 큐레이터들에게 우리의 관심을 위탁하는 경향이 늘어나고 있다는 것이다. 어떤 경우에는 이 큐레이터들이, 마치 모든 것을 항상 잘 알고 있어 다소 독선적이지만 판단력이 떨어지는 손위 형제에게 말하는 것처럼, 세상 돌아가는 일을 우리에게 단순하고 현실적인 방법으로 알려주기도 한다.

데일리 스킴(Daily Skimm)이라는 잘 큐레이션된 일간 뉴스레터가 그 좋은 예다. 전 TV 뉴스 제작자 다니엘 와이즈버그Danielle Weisberg와 칼리 제이킨Carly Zakin이 만든 이 뉴스레터는 주로 여성 밀레니얼 세대를 중심으로 7백만 명 이상의 구독자를 확보하고 있다. 지난 2년 동안 나도 이와 비슷한 가치를 제공하는 것을 목표로 삼고, 가장 흥미롭지만 제대로 인정받지 못한 이야기들을 정리해 논오비어스 뉴스레터〈Non-Obvious Newsletter〉를 매주 발행해 왔다.

하지만 이런 큐레이터들에 대한 우리의 믿음은 때로는 잘못될 수도 있다. 그것은 대부분의 케이블 뉴스 토크쇼 진행자들의 인기에서 쉽게 볼 수 있다. 그들은 대개 우리의 분노를 부추기고, 반대의 관점을 어리석다고 간주하며, 우리의 세계관을 더 편협하게 만든다. 이런 곳에서만 뉴스를 접하면 소위 '온라인 폐쇄 반향실'(online echo chamber) 효과를 자초하는 셈이 된다. 이 말은 뉴욕 타임스의 기자 나타샤 싱어Natasha Singer가 '정보의 편협한 개인화가 자신의 관점 이외의 다른 시각에 노출되거나 배우는 것을 방해하는' 현상을 지칭한 용어다. 이러한 일방적 조작자들의 등장은, 열린 사고, 새로운 생각, 심지어 민주주의 자체에 위험한 도전을 제기한다. 더 많은 정보에 접하면서도 생각은 더 편협해지는 세상에서, 미래를 읽는 사람은 여전히 매일 매일 시험대에 오르게 되는 것이다.

정보 경제에서 관심은 화폐와 같다. 우리의 관심 범위가 줄어들고 있다는 보도가 많아지면서, 브랜드, 미디어, 정치인들은 모든 방법을 동원해 우리의 관심을 끌기 위한 총력전을 벌이고 있다. 우리의 관심을 사로잡아야만 우리를 통해 돈을 벌 수 있기 때문에 이제 관심은 새로운 형태의 부가 되었다. 그들은 이 전투에서 승리하기 위해, 더 회의적이 된 고객의 관심을 끌기 위한 수단으로 충격, 쾌락, 분노까지 동원한다. 이런 혼란이 계속되면서 우리는 그 모든 것을 이해하기 위해 신뢰할 수 있는 정보 큐레이터들에게 눈을 돌리고 있다. 그러나 그런 혼란을 제거해주며 신뢰할 수 있는 큐레이터들이 있는가 하면, 폐쇄적 선정주의로 우리의 관심을 더 타락시키는 큐레이터들도 있다. 또 우리의 관심을 끌기 위한 전쟁에서 기술을 사용하는 사람들도 생겨났다. 이들 중에는 인공 아바타를 배치하는 사람들도 있고, 딥페이크를 조작하고, 우리의 의견과 견해를 왜곡하는 방법으로 분노를 선동하는 사람들도 있다.

우리의 관심이 가치가 있다는 것을 알게 될수록, 우리는 누가 우리의 관심을 받을 자격이 있고 누가 그렇지 않은지에 대해 더 헷갈릴 것이다. 오늘날 우리가 관심이라는 자산을 더 많이 통제하게 된 만큼, 그것을 현명하게 소비하기 위해 최선을 다해야 할 책임도 있다.

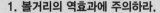

'관심의 가치' 트렌드 활용하기

1. 볼거리의 역효과에 주의하라.

관심을 끌기 위한 경쟁이 치열해지면서, 우리의 관심을 끌기 위한 볼거리들도 계속 늘어날 것이다. 그러나 중요한 것은, 수많은 볼거리 중에서 눈에 띄기 위해서는 드라마 같은 극적 요인들이 필요하겠지만, 누군가의 시선을 잠시 끌었다고 해서 그들의 관심을 진정으로 끌어들인 것은 아니라는 사실이다. 잘못하면, 기업과 브랜드가 '볼거리 메이커'로 낙인찍혀 신뢰성이 떨어질 수도 있다. 고객의 관심을 무시하거나 고객에게 약속한 것을 이행하지 못하면, 아무리 선정적인 미끼를 던지더라도 고객의 관심은 곧 사라질 것이다.

2. 진실을 더 투명하게 밝혀라.

모든 기업은 소비자와 고객을 사로잡을 새로운 방법을 찾아야 한다. 즉, 고객이 가장 신뢰할 수 있는 정보처를 찾아 고객을 연결시켜 주는 것이다. 이를 위해, 사용자간 직접(Peer-to-Peer) 검증 방식, 회사에 유리한 증언을 해줄 신뢰할 수 있는 정보처, 또는 회사를 믿고 기꺼이 회사를 대변해 줄 수 있는 적절한 인플루언서를 찾아보라.

3. 배경 이야기를 공유하라.

혼란스런 경쟁에서 이기려면, 배경 이야기를 공유해 고객이 회사가 하는 일의 이유, 방식, 목적을 자연스럽게 알게 하라. 예를 들어, 럭셔리 브랜드 에르메스(Hermes)는 소비자들에게 회사의 제품이 어떻게 만들어지는지를 설명하기 위해, 프랑스 리옹에 있는 한 실크 공장 안에 직접 들어가 보는 영화를 만들어 선보였다. 겸손과 취약점을 이용해 회사의 기술이나 사업 내용을 보여주면서 흥미로운 방식으로 이야기를 공유할 수 있다면, 현재의 고객뿐 아니라 새로운 잠재 고객들까지도 당신 회사에 더 많은 시간(및 비용)을 투자하도록 관심을 끌 수 있을 것이다.

'관심의 가치' 트렌드의 진화

이 메가트렌드와 관련된 과거 트렌드는 어떻게 발전되었나.

엄격한 투명성(BRUTAL TRANSPARENCY)(2011)

적극적인 정직함이라는 예상치 못한 전략은 소비자들의 환영을 받기 때문에, 더 예리하고 효과적인 마케팅으로 이어질 것이다.

소매업체들의 숭배 전략(CULTING OF RETAIL)(2011)

최고의 소매업체는 소비자들을 단지 제품을 구입하는 사람이 아니라 자신의 경험에 대해 열광하는 열정적 사용자로 만든다. 그들은 소셜 네트워크에 있는 사람들에게 직접 제품을 시험해 보라고 고무시킨다.

소매업체들의 극장 전략(RETAIL THEATER)(2012)

앞으로는 기억에 남을 만한 경험으로 고객의 관심을 끌기 위해. 극장의 원리를 이용해 독특한 경험을 창조하는 소매점들이 늘어날 것이다.

백스토리텔링(2013+2018)

기업들은 사람들을 브랜드와 역사의 뒤안길로 끌어들이는 것이 그들의 충성심을 높이고 구매를 유도하는 가장 강력한 방법 중 하나라는 것을 발견하기 시작했다.

큐레이션된 선정주의(CURATED SENSATIONALISM)(2014)

뉴스와 엔터테인먼트 사이의 경계선이 모호해짐에 따라, 매력적인 콘텐츠가 선정적 헤드라인이라는 무기를 장착하고, 스마트 큐레이션이라는 기술이 저널리즘을 대체하며 수백만 명의 시청자들을 끌어들이고 있다.

소매업계의 역흐름(REVERSE RETAIL)(2015)

온라인 소매업체들이 브랜드 친밀감을 구축하고 고객을 교육하기 위해 인간적 접촉이 일어나는 매장 내 경험에 투자하고 있으며, 여기에 온라인 채널을 매끄럽게 통합해 구매를 완성시킨다.

조작된 분노(2017)

미디어, 데이터 분석, 광고가 힘을 합쳐 소셜미디어와 실생활에서 분노를 유발하고, 분노의 반응을 이끌어내기 위해 지속적으로 우리를 혼란스럽게 하고 있다.

진실 추구(2018)

미디어와 기관에 대한 신뢰가 무너지면서, 사람들은 직접 관찰과 대면적 상호작용을 통해 진실에 대한 개인적 탐구에 나서고 있다.

인위적 영향력(2019)

광고 크리에이터, 기업, 정부들이 가상 창작물을 사용해 대중의 인식을 전환하고, 제품을 판매하며, 환상을 현실로 만들고 있다.

전략적 볼거리(2019)

브랜드와 광고 크리에이터들은 소비자들의 관심을 끌고 참여를 유도하기 위해 의도적으로 볼거리를 만들어 내고 있다.

관심의 가치

Chapter 10
개념 이익 PURPOSEFUL PROFIT

개념 이익이라는 메가트렌드는?

소비자뿐만 아니라 직원도 기업에게 보다 지속적이고 윤리적인 관행을 요구함에 따라, 기업들도 그에 맞는 제품을 개발하고 그런 신념에 따라 행동하며 이익을 추구한다.

25년 전, 아웃도어 소매업체 파타고니아(Patagonia)의 설립자 이본 쉬나드Yvon Chouinard는 자신의 미래 비전을 요약한 〈다음 100년〉(The Next Hundred Years)이라는 제목의 에세이를 썼다. 파타고니아가 빠르게 성장하면서 쉬나드는 어려운 선택에 직면했다. 회사를 매각하고 그가 옹호했던 환경 문제를 위한 재단을 만들 것인가, 아니면 회사를 계속 운영할 것인가. 결국 그는 회사를 지키기로 결심했다. 그는 에세이에 이렇게 썼다. "우리가 할 수 있는 진짜 좋은 일은 회사를 사회 변화의 도구로 이용하는 것이었다. 장기적인 시각으로 옳은 일을 하면서도 기업이 잘될 수 있다는 것을 다른 회사들에게 보여주는 모델을 만들고 싶었다." 결국 파타고니아는 둘 다 해냈다.

지난 10년 동안만 해도, 이 회사는 소송까지 가며 미국 정부가 정부 소유 땅을 개간할 것을 주장했고, 수백만 달러의 수익금을 환경보호에 기부했고, 고객이 중고 장비를 신용거래할 수 있는 '보상 판매'(recommerce)라는 새로운 이이디어를 개척했으며, 소비자가 제품의 생산 과정에서부터 출하까지 전과정을 추적할 수 있는 쌍방향 웹사이트를 개설했다. 2018년 말에 그는 브랜드 사명 선언문을 다음과 같이 더 야심차게 수정했다. "파타고니아는 우리가 사는 지구를 구하기 위해 사업을 하고 있습니다." 지구에 대한 이 같은 호전적 책임 선언은 회사 사업에도 큰 도움이 되었다. 지난 7년 동안 파타고니아의 매출은 4배 증가하며 연 10억 달러를 넘어섰지만, 회사는 성장보다는 사회적 책임에 여전히 초점을 맞추고 있다.

그런 성공을 거뒀지만 이 회사는 재계에서 외로운 국외자로 냉대받아 왔다. 매력적으로 들리긴 하지만 비현실적인 기업 이타주의를 추구한다는 것이다. 그러나 오늘날 세상이 바뀌었다. 소비자의 힘이 커지면서 사람들은 이 세계에 긍정적인 영향을 주는 브랜드를 구매하고 그런 회사에서 일하기를 원하게 된 것이다. 오늘날 기업들은 더 이상 예전처럼 사업에만 집중하며 오직 재무적 성장만으로 성공을 측정하는 것에 만족하지 않게 되었다. 그들은 좀 더 자주 사회적 문제에 관여하며, 자신들의 믿음을 옹호하기 위해 고객과 직원 모두를 잃을 위험을 감수한다. 이것이 우리가 '개념 이익'(Purposeful Profit)이라고 부르는 메가트렌드다. 이 트렌드는 기업들이 보다 윤리적인 방식으로 사업을 수행하고, 동시에 그렇게 하면서도 실질적인 사업 성과를 올릴 수 있다는 것을 깨닫는, 새로운 비즈니스 현실을 반영한다.

강력해진 소비자의 힘

그동안 소비자들은, 그들이 산 제품이 어떻게 만들어지는지에 대한 정보가 제한적일 수밖에 없었다. 물론, 소비자들은 음식, 화장품, 청소 제품에서 성분 목록을 읽을 수 있다. 그러나 호기심 많은 소비자에게는 그런 정보만으로는 충분치 않다. 이제 상황이 달라졌다. 인터넷 정보의 투명성이 커지면서, 소비자들은 개별 기업이나 전체 산업의 관행에 대해 훤하게 알게 되었다. 우리는 이제 '피묻은 다이아몬드'(blood diamonds, 분쟁지역에서 반군들이 무기 구입이나 사적 치부를 위해 밀반출하는 다이아몬드 – 역주)가 무엇인지도 안다. 설탕과 고과당 옥수수 시럽의 위험에 대한 진실은 이제 상식이다. 기업들도 자신들이 수집한 소비자 데이터를 어떻게 사용하는지 온라인으로 공개해야 할 의무가 있다.

스마트한 기업가와 조직들은, 소비자에게 브랜드, 제품, 회사의 관행, 자체 거래 내역 등에 대한 점수 카드를 제공하는 등의 방식으로, 생산 공정과 회사 행동에 대한 정보를 즉시 볼 수 있는 도구를 만들었다. 카타리나 란타넨Katariina Rantanen도 그런 기업가들 중 한 명이다. 헬싱키에 있는 그녀의 화장품회사 코스메틱스(CosmEthics)는 제품의 성분과 회사의 윤리적 관행을 즉시 확인할 수 있는 앱을 만들었다. 사용자들은 제품의 바코드를 스캔하기만 하면, 회사 이름과 같은 코스메틱스라는 똑똑한 도구가 제품이 어떻게 만들어졌는지, 금지된 성분이 들어 있는지, 동물 실험을 거쳤는지에 대한 데이터를 즉시 보여준다.

애스피레이션(Aspiration)이라는 은행 스타트업은, 사용자가 구매하는 브랜드의 환경 및 윤리적 관행에 대한 데이터를 자동으로 가져와서, 그 회사들의 공개된 관행에 따라 당신 지출에 대한 개인 영향 평가를 계산해주는 당좌 예금 상품을 출시했다. 스웨덴 금융기술회사 도코노미(Doconomy)는 2019년에 탄소 배출 한도를 알려주는 세계 최초의 신용 카드를 출시했다. 당신의 소비로 인해 발생하는 탄소 배출량을 측정할 뿐만 아니라, 한도에 도달하면 카드를 더 이상 사용할 수 없다. 이런 회사들이 '소비자들은 그들이 좋아하는 물건에 대해서만 지갑을 열 것'이라는 현대적 소비 개념을 더욱 가속화하고 있다. 그들의 인기가 높아지면서, 소비자의 힘이 더 강해지는 앱들이 계속 나올 것이고, 소비자들이 다른 산업에서도 정확한 정보에 입각한 결정을 더 많이 내릴 수 있게 될 것이다.

가치를 주장하는 목소리

2018년에 우리는 '계몽적 소비'라는 트렌드를 소개했다. 이 트렌드는 소비자들이 무엇을 사고, 어디서 일하고, 어떻게 투자하는지에 대한 선택을, 자신의 가치에 대한 의미 있는 표현으로 보고 있음을 시사하는 것이었다. 그 이후, 스웨덴 의회 건물 밖에서 침묵시위를 벌이며 환경보호 운동의 세계적 확산에 도화선이 된 16세의 그레타 툰베리Greta Thunberg 같은 영웅적 운동가들에 의해 우리는 이러한 가치들이 구현되는 것을 보아왔다. 이런 움직임은 전세계 정부들의 행동을 유도하기 위한 노력의 일환이었지만, 소비자들 사이에서도 기업의 투명성을 요구하고 그에 따라 구매 결정을 함으로써 기업에 영향을 줄 수 있다는 인식이 확산되고 있다.

예를 들어, 유전자변형식품(GMO), 고과당 옥수수 시럽, 인공재료에 대한 소비자 반발은, 맥도날드에서 제과회사 마스(Mars)에 이르기까지 세계 최대 기업들이 그들의 재료가 어떻게 공급되는지 더 투명하게 공개하도록 이끌었다. 대중들은 또 플라스틱 빨대에 대한 전쟁을 선포했고, 이에 따라 많은 식당들이 플라스틱 빨대 사용을 중단했다.

소비자들이 그들의 윤리적 입장을 알리는 또 다른 방법은 지속 가능한 친환경 기업에 대한 투자를 통해서다. 사회적, 환경적 요인을 생각하는 기업의 주식을 매입하는 관행이 크게 증가하고 있는 것이다. 전 세계에서 데이터를 취합 집계하는 글로벌 지속가능 투자연합(Global Sustainable Investment Alliance)은 사회적 책임을 실현하는 기업에 대한 이른바 사회적 책임 투자(social responsibility investments)가 2017년부터 2019년까지 34% 증가해 30조 7000억 달러(3경 4,000조원)에 달한다고 발표했다. 글로벌 투자은행 모건 스탠리(Morgan Stanley)의 친환경 지속가능 투자 연구소(Institute for Sustainable Investing)의 자료에 따르면, 밀레니얼 세대가 사회적 또는 환경적 개선을 목표로 하는 기업이나 펀드에 투자하는 비율이 일반 인구보다 두 배 더 높은 것으로 나타났다. 지속 가능한 사회적 관행을 가진 기업에 대한 소비자와 투자자의 관심이 급증함에 따라, 윤리적인 기업 운영으로의 변화가 가속화되고 있다. 기업들은 쉬나드의 예측대로 소비자들이 지시하는 바를 따라가고 있다.

소신을 선언하는 기업들

기업들이 의식 있는 소비자들을 끌어들이기 위해 더 열심히 일하는 한 가지 방법은, 그들의 소신이 무엇인지 확실하게 밝히는 것이다. 우리는 2018년에 '기업의 입장 선언'(Brand Stand)이라는 트렌드를 처음 썼다. 앞으로 10년 동안, 그들의 소신을 용감하게 선언하고, 선행을 선택하며, 예상치 못한 방법으로 우리 주변의 어려운 사람들과 세상을 보호하기 위해 나서는 기업들이 계속 대중의 마음을 사로잡을 것이다. 이러한 추세는 미국에서 가장 큰 약국 체인인 CVS 헬스(CVS Health)가 담배 제품 판매의 중단을 선언했던 2014년에 분수령을 맞았다. 당시 애널리스트들은 이 결정이 회사에 연간 약 20억 달러(2조 2,000억원)의 매출 손실을 가져올 것으로 추정했다. 5년 후인 2019년, 이 회사의 래리 멀로 Larry Merlo CEO는 그런 과감한 선택이 회사와 의료 산업의 미래를 재편하는 것이었다고 평가했다. 실제로 그 5년 동안, CVS는 대형 건강보험 회사 애트나(Aetna)를 인수했고, 매장을 건강 서비스와 건강 제품에 집중하는 '건강 허브'로 전환했으며, 이 과정에서 연매출도 거의 두 배로 늘어났다.

소리소문없이 이런 소신 선언을 하는 기업들도 있다. 덴마크의 빌룬트(Billund)라는 작은 마을에는 세계에서 가장 유명한 장난감 회사 레고의 공장이 있다. 이 공장 깊은 곳에서는 백 명이 넘는 기술자들과 과학자들이 80년 동안 인기리에 판매되어 온 제품을 재설계하기 위해 협력하고 있다. 레고 내에서 자금 지원을 받고 있는 레고 지속가능 재료 센터(LEGO Sustainable Materials Centre)는 회사의 상징 제품인 블록의 10년 후 제품을 만들기 위해 많은 지속 가능한 친환경 재료를 찾는 데 전념하고 있다. 2018년에 이 연구팀은 사탕수수에서 추출한 식물 기반 플라스틱으로 나뭇잎과 야자수 같은 블록 조각을 만들며 혁신의 첫발을 내디뎠다. 레고에서는 환경에 대한 사명감이 매우 강하게 느껴진다. 특히 레고의 노력에 주목하고 있는 소비자들이 다른 회사에게도 유사한 미래지향적 약속을 요구할 경우, 레고의 시도는 장난감 산업 전반에 걸쳐 확산될 것이다.

예상치 못한 사회 변화의 주역들

영국의 패션 디자이너 스텔라 맥카트니Stella McCartney는 패션 디자인 일을 처음 시작할 때부터, 자신의 작품에 동물의 가죽이나 털, 또는 새의 깃털 등을 절대 사용하지 않겠다고 맹세했다. 그러나 유명 디자이너들의 명품들이 대개 동물에서 나오는 재료로 만들어지는 세상에서, 동물 권리 운동가나 채식주의를 주장하는 사람들이 이 업계에서 성공하는 경우는 매우 드물다. 놀랄 것도 없이, 맥카트니의 선택도 업계 내에서 조롱을 받았다. 그러나 그녀는 좌절하지 않았다. 연간 약 12억 톤의 온실가스를 배출하는 패션 및 섬유산업의 환경 파괴적 영향에 대해 더 많은 것을 알게 되면서, 그녀는 회사에 야심찬 친환경 지속가능 목표를 설정했다. 그녀의 디자인은 유기농 면화, 재활용 섬유, 지속 가능한 경작 목재, 생분해성 플라스틱 포장재를 사용할 것이며, 일체의 동물 가죽이나 털은 사용하지 않는다는 것이었다. 그 과정에서 그녀는, 그녀를 패션의 환경적 폐해에 대항하는 십자군으로 간주한 고객들의 영웅이 되었다. 결국, 그녀의 성공은 10년 전에는 상상도 할 수 없었던 업계의 운동을 촉발시켰다. 2017년에 경쟁 명품 브랜드인 구찌, 베르사체, 버버리 등 여러 브랜드들도 동물의 털을 사용하지 않겠다고 발표한 것이다. 이것이 바로 선순환이다. 앞서가는 기업들이 선행을 선택하고, 소비자들은 그들을 영웅으로 칭송하며, 다른 회사들도 그 선행을 따르는 것이다. 그리고 이 모든 것은 대개 스텔라 맥카트니나 이본 쉬나드 같은 선견지명이 있는 리더로부터 시작된다.

　이런 선순환의 또 다른 효과는, 그 기업들이 협력하는 공급업체에게도 동일한 선행을 요구하기 시작하면서 공급망 전체에 걸쳐 책임 있는 혁신을 촉진한다는 것이다. 이런 효과의 흥미로운 예는, 한때 담배 농장이 대부분을 차지했던 테네시 북부의 작은 도시 로버트슨 카운티(Robertson County)에서 일어난 일이다. 오늘날 이 지역의 농부들은, 기업가 사라 벨로스Sarah Bellos와 그녀의 회사 스토니 크릭 컬러스(Stony Creek Colors) 덕분에 담배 대신 쪽(indigo plants)을 재배한다. 선명한 파란색을 띤 쪽은 대부분의 청바지 제조사들이 일반적으로 사용하는 독성 합성염료를 대체할 수 있는 천연 파란색 염료를 생산하는 데 사용된다. 맥카트니 같은 지속 가능성을 추구하는 디자이너들과, 그녀에게서 물건을 사는 강력한 영향력을 가진 소비자들이 요구하는 것이 바로 이런 종류의 혁신이다.

대담한 변화를 주도하는 기업가들

세계의 책임감 있는 시민이 되기를 자청하는 브랜드를 지지하는 소비자들의 격려를 등에 엎고, 벨로스 같은 기업가들이 세상을 변화시키는 대담한 계획을 개발하고 있다. 우리는 2017년에 그런 트렌드를 큐레이션하고 '문샷 기업가정신'(Moonshot Entrepreneurship)이라고 명명했다.

세상을 바꾸는 급진적인 '문샷'의 개념은 묵살되기 쉽다. 확실히, 그런 아이디어들을 부채질하는 자기 과신적이고 희망사항에 불과한 생각들은 대개 실패하는 경우가 많기 때문이다. 그러나 세계가 직면하고 있는 문제들이 더욱 긴급해지고 있기 때문에, 큰 문제의 해결책을 강구하기 위해서는 이런 종류의 대담한 기업가정신이 요구될 것이다. 이 글을 쓰고 있는 지금 이 시간에도, 북극의 빙산은 계속 녹고 있고, 아마존 숲은 불타고 있으며, 기후 변화로 인한 기상 이변이 1주일을 마다하고 전세계 뉴스를 장식하고 있다. 세계는 이에 대응하여 기업의 급진적인 아이디어를 받아들일 태세를 갖추기 시작했는데, 우리는 2019년에 이런 트렌드를 '선한 속도'(Good Speed)라고 불렀다.

오션 클린업(Ocean Cleanup) 프로젝트는, 많은 사람들이 성공할 가능성이 없다고 생각할 만큼 무모하고 야심찬 개념을 다른 사람들과 투자자들이 어떻게 지지하게 되었는지를 보여주는 본보기다. 이 말도 안 되는 아이디어를 처음 생각한 사람은 25세의 네덜란드 기업가 보얀 슬랫Boyan Slat이다. 그는 '태평양 쓰레기 하치

장'(Great Pacific Garbage Patch, 하와이와 캘리포니아주 사이에 퍼져 있는 거대 쓰레기 섬. 이 일대에 1조 3,000억 개의 플라스틱 쓰레기가 떠 있는 것으로 추정됨)이라고 불려지는 지역에, 바다의 조류를 이용해 플라스틱 쓰레기를 수거할 수 있는 거대한 부유 장벽을 설치한다는 무모해 보이는 아이디어를 마음속에 품었다. 그 생각은 불가능하다고 생각될 정도로 순진했고, 실제로 처음 시작했을 때 연달아 일련의 문제에 부딪쳤다. 그러나 2019년 10월, 그가 TEDx 컨퍼런스 무대에서 처음 그의 아이디어를 공유한 지 정확히 7년 후, 그 시스템은 마침내 가동되기 시작했다.

촉진자들의 등장

이 같은 목적의식이 있는 프로젝트가 지지받고 있는 사례가 점점 더 많아지고 있지만, 그런 프로젝트는 대개 우리 예상과는 달리 기업 내에서 나오는 경우가 많다. 소비자와 직원들이 자신들에게 중요한 것에 대해 목소리를 높이면서 기업들이 이에 반응하고 있는 것이다. 2015년에 우리는 이 트렌드를 '새로운 마음자세'(Mainstream Mindfulness)라고 명명하고, 직원들을 고무하고 더 큰 문제를 해결하기 위해 이런 마음자세를 갖추는 데 투자하는 기업이 늘어나고 있음을 주목했다.

조력자 리더십(Lifter Leadership)의 설립자인 엘리자 샤Eliza Shah 박사와 파레쉬 샤Parresh Shah 박사도 목적, 마음자세, 조직의 성과 사이의 연결을 주장하는 사람들이다. 그들은 획기적 연구를 통해, 모든 조직은 연령층을 불문하고 직장 내에서 목적, 혁신, 변화를 주도할 수 있는 '조력자들'(Lifters)을 양성해야 한다고 주장했다. 이 조력자들은 동료 직원, 고객, 지역사회 및 회사를 모두 동시에 고양시키는 긍정적이고 목적의식이 있는 직원들이다. 이런 이니셔티브들이 기업에 실질적인 영향을 미친다는 것이다. 벤틀리대학 경영학 교수인 라젠드라 시소디아Raj Sisodia는, 사려 깊고 목적의식이 있는 관행을 따르는 조직은 그렇지 않은 조직보다 약 10배 더 뛰어난 성과를 거둔다고 강조한다. 궁극적으로, 목적의식을 가진 조직들만이, 제품을 바꾸고, 선행을 하고, 세상을 더 나은 곳으로 만들 수 있는 야심차고 목적의식이 있는 목표를 세움으로써 스스로를 혁신할 수 있을 것이다.

개념 이익 트렌드 요약

　과거에는 기업들이 '소프트 브랜딩'(soft branding, 브랜드는 공유하지만 실질적으로는 독립적 운영을 하는 제휴 방식 – 역주)의 명분하에 공적 이니셔티브를 공개적으로 드러내기보다는 숨은 지지자로서 조용한 역할을 하는 것을 선호했다. 이는 그동안, 기업이 자신의 핵심 가치에 부합하는 이니셔티브를 지나치게 홍보적으로 드러내지 않고도 지원할 수 있는 최선의 방법이었다. 그러나 오늘날 기업들은 더 많은 목소리를 내는 방향으로 갈 것이다. 묵시적 동의의 표시로 방관하는 자세만으로는 충분하지 않다. 이제 기업들은 긍정적인 사업 모델, 근로자에 대한 윤리적인 대우, 자선 행위 같은 선행, 사회적 책임을 다하는 노력, 그리고 이익 추구와 함께 목적에 대한 매일의 헌신을 통해 소비자의 신뢰를 얻기 위해 노력해야 한다. 소비자들이 어떤 제품을 살 것인지, 어떤 브랜드를 지지할 것인지 의도적인 선택을 하는 것과 마찬가지로, 회사의 직원들도 더 큰 목적을 품고 세상을 변화시킬 수 있는 직장을 찾고 있다.

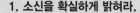

1. 소신을 확실하게 밝혀라.

이익과 목적이 그 어느 때보다도 중요해짐에 따라, 기업들은 다른 사람들이 그들의 움직임을 과연 믿을만하다고 볼 것인지에 대한 충분한 생각 없이 서둘러 어떤 입장을 표명할 함정에 빠질 가능성이 높다. 예를 들어, 이사회나 임원진에 여성을 두지 않으면서 회사 내 여성 간부들에게 많은 권한을 부여하고 있다고 주장하는 금융서비스 회사가 있다. 그러나 소비자와 직원들은 강한 목적의식을 가진 조직을 주목하고 있기 때문에, 목적의식이 있다고 말로 주장하면서 행동으로 그 말을 뒷받침하지 않는 회사들에 대해서는 더 엄격한 잣대를 가지고 예의주시할 것이다.

2. 향후 미칠 영향에 집중하라.

바코드 스캔 앱이나 온라인 평가 같이, 소비자들이 기업의 관행에 즉시 접근할 수 있게 해주는 실시간 툴이 많아질수록, 소비자들은 기업에게 선행에 대한 약속뿐 아니라 더 나은 기업 성과를 달성하도록 더 강하게 요구하게 될 것이다. 세상에 대한 긍정적 영향을 보여줄 수 있는 기업이 되려면, 고객과 직원 모두에게 최고의 충성을 하도록 격려하는 동시에 투자자들에게도 지속적인 수익을 가져다 줄 수 있어야 할 것이다.

3. 목적의식이 있는 자본주의를 실천하라.

개인적인 측면에서 보면, 앞으로 시장의 힘은 소비자인 우리의 손에 있다. 우리는 우리가 하는 작은 선택, 즉 의심스럽게 생산되는 제품을 사지 않거나 윤리적으로 만들어진 제품에 얼마간의 돈을 더 지불하는 것이 실제로 큰 차이를 만들지 못한다고 생각할지 모른다. 한 사람의 소비자가 얼마나 큰 영향을 미칠 수 있단 말인가? 그러나 우리가 사회적으로 책임 있는 선택을 일관되게 계속 행하고, 구매의 긍정적, 부정적 영향에 대한 생각을 멈추지 않는다면 적지 않은 파급 효과를 가져올 수 있다. 무엇을 어디에서 살 것인가에 대한 일련의 모든 결정을 통해 우리는 우리에게 무엇이 중요한지에 대해 기업에게 분명한 메시지를 보내는 것이다. 기업이 그들의 제품을 어떻게 만들고, 비즈니스를 어떻게 수행하느냐가 우리의 구매를 결정하는 중요한 요인이 되었기 때문이다.

개념 이익 트렌드의 진화

이 메가트렌드와 관련된 과거 트렌드는 어떻게 발전되었나.

영웅적 디자인(HEROIC DESIGN)(2013)
디자인이 세상을 바꿀 새로운 제품, 아이디어, 광고 캠페인을 도입하는 데 주도적인 역할을 하고 있다.

⇩

브랜드 자선(2015년)
선행을 사업의 일부로 삼겠다는 약속을 하며 브랜드의 목적의식을 기업의 중심에 두는 회사들이 늘어나고 있다.

⇩

문샷 기업가 정신(2017)
비전을 가진 기업가를 찬양하는 추세는 새로운 세대의 스타타업 창업자들에게 수익을 넘어 회사가 어떻게 사회에 긍정적인 영향을 줄 수 있는지, 나아가 어떻게 세상을 구할 수 있는지를 생각하도록 영감을 주고 있다.

기업의 입장 선언(2018)
많은 기업들이 양극화된 미디어 분위기에 대처하면서, 모든 사람들에게 모든 것이 되려고 하기 보다는 그들의 핵심 가치를 강조해야 한다고 생각하고 있다.

⇩

계몽적 소비(2018)
제품과 서비스에 대해 더 많은 정보를 갖게 된 소비자들은 사는 물건, 일하는 회사, 투자하는 방식을 통해 가치와 세계에 대한 자신들의 태도와 의견을 명시적으로 밝히고 있다.

⇩

선한 속도(2019)
인류가 직면하고 있는 문제들이 긴급해지면서, 기업, 기업가 및 개인들로 하여금 선한 일을 하는 방법을 더 빨리 찾도록 고무시키고 있다.

개념 이익

데이터 풍요 시대
DATA ABUNDANCE

데이터 풍요시대라는 메가트렌드는?

오늘날 데이터가 어디에서나 존재하고 데이터를 수집할 수 있는 방법도 많아짐에 따라, 어떻게 하면 데이터를 진정으로 유용하게 만들 수 있는지, 데이터를 소유해야 할 사람은 누구인지, 그리고 데이터를 통해 이익을 얻어야 할 사람은 누구인지에 대한 큰 의문이 제기되고 있다.

1954년 경영학의 대가 피터 드러커Peter Drucker는 '측정할 수 있는 것은 관리할 수 있다'라는 유명한 글을 썼다. 수십 년 동안 이 명문구는 세계가 데이터를 어떻게 보는지를 설명해 왔다. 숫자는 기념되고, 숫자를 바탕으로 결정을 내리는 사람들은 존경받는다. 세계에서 가장 부유한 회사들은 가장 큰 데이터 세트를 이용할 수 있는 회사들이다.

데이터가 지배하는 문화의 놀라운 현상은, 모두가 많은 데이터를 축적할 수 있는 새롭고 더 나은 방법을 찾는 데 초점을 맞추고 있다는 것이다. 기업들은 자신이 보유한 플랫폼을 통해 끊임없이 '빅 데이터'를 수집하고 있고, 우리가 사용하고 있는 기기들도 '스몰 데이터'(small data)를 계속 생산해내고 있다. 음성 명령으로 가동하는 장치들은 우리의 대화를 듣고 그것을 녹음한다. 승차 공유 앱, 스마트 온도조절기, 스트리밍 엔터테인먼트, 온라인 게임, 건강 추적 장치, 실시간 트래픽에서 나오는 데이터는, 그런 정보에서 이익을 얻기를 원하는 사람들에 의해 모두 수집되고 저장된다.

대부분의 스몰 데이터는 우리가 기꺼이 제공하는 정보에서 나온다. 그렇게 하는 것이 거의 위험하지 않다고 생각하기 때문이다. 당신이 어떤 영화를 스트리밍할지 넷플릭스가 정확히 알고 있고, 당신이 새 프린터를 사러 시장에 나왔다는 것을 구글이 안다 해도 그게 무슨 상관이란 말인가? 어떤 면에서는, 그들이 당신에 대한 그런 정보를 가지고 있다는 사실이 당신을 위해 더 좋고 더 개인화된 경험을 만들어 줄 수 있다는 것을 의미할 수도 있으니까 말이다. 하지만 때로는 무의식적으로 의도하지 않은 정보를 공유할 때도 있다. 예를 들어 사진을 온라인에 업로드하는 경우, 정확한 GPS 위치와 시간 같은 숨겨진 메타데이터가 포함되는 경우가 많다. 이 메타데이터로 당신의 사진을 다른 사람들이 올린 사진들과 맞춰보고 당신이 누구와 함께 있고, 무엇을 하고 있는지도 알아낼 수 있다. 얼굴 인식 기술은 오용 가능성이 너무 크기 때문에 샌프란시스코 등 일부 도시들은 이미 얼굴 인식 기술의 사용을 금지했다.

기업들이 수집한 모든 데이터와 개인들이 온라인으로 공유하는 정보 외에도, 데이터를 공개적으로 사용할 수 있는 또 다른 출처는 '오픈 데이터'(open data)이다. 이 용어는 투명성 또는 규제 준수라는 명목으로, 기업이나 정부가 온라인에 방치해 놓은 방대한 양의 데이터를 말한다. 이 같은 엄청난 양의 공개 데이터가 온라인상에서 혼란스럽게 떠도는 현상에 대해 우리는 2018년에 '데이터 오염'(Data Pollution) 트렌드라고 설명했다. 앞으로 10년내에 이 문제는 훨씬 더 심각해질 것이다. 전문가들의 추정에 따르면, 현재 전 세계에 존재하는 데이터의 90%가 지난 2년 동안 생성된 것이며, 앞으로도 기하급수적으로 증가할 것으로 예상된다.

오늘날처럼 데이터가 넘치는 세계에서, 기업과 소비자들은 끝없이 늘어나는 데이터 세트를 생성하고 수집하면서 몇 가지 중요한 질문에 대해 고민하게 되었다. 과연 이 모든 데이터들은 얼마나 의미 있는 것일까? 이 모든 데이터를 어떻게 처리해야 하는가? 누가 그 데이터를 소유해야 하는가? 그리고 아마도 가장 중요한 질문은 데이터를 통해 이익을 얻어야 할 사람은 누구인가일 것이다.

좋은 데이터와 쓸모없는 데이터

현재 데이터가 넘쳐나고 있는 농업 부문에서 몇 가지 해답을 얻을 수 있을지 모른다. 오늘날 한 곳의 농장에서 토양 센서, 농장 동물의 웨어러블 추적기, 농작물 모니터링을 위한 항공 드론 등을 통해 산더미 같은 데이터를 생산해낸다. 이 정보를 통해 더 정확한 농사를 지을 수 있기 때문이다. 즉, 알맞은 곳에 알맞은 작물을 심고, 적기에 수확할 수 있는 능력을 갖게 된 것이다.

농업 전체에 가치 있는 정보를 만들기 위해 여러 소스의 데이터를 결합하는 그룹들도 있다. 캘리포니아의 파머스 비즈니스 네트워크(Farmers Business Network)가 그 좋은 예다. 이 네트워크는 농부들에게 화학비료 가격, 경작지의 크기, 농작물 수확량에 대한 데이터를 공유하도록 요청한다. 미국과 캐나다 전역에 걸쳐 총 2200만 에이커가 넘는 농지를 경작하는 수천 명의 농부들이 참여해 시스템에 정보를 입력하고, 회원들은 공정한 시장 가격, 실제 종자 성능, 최적의 곡물 수확 시점 같은 정보를 조회할 수 있다.

이 같은 개방형 네트워크는 다른 산업에서도 볼 수 있다. 예를 들어, 의료 분야에서 피겨 1(Figure 1)이라는 앱은, 약 250만 명의 등록된 의료 전문가들에게(개인 세부 정보가 제거된) 환자의 환부 사진을 공유하게 함으로써 동료 의사들이 까다롭고 드문 환자의 질병 상태를 진단하는 데 도움을 주고 있다. '의사들의 인스타그램'이라고 불리는 이 앱은, 수백 명의 의료진들이 전 세계 동료들의 통찰력의 도움을 받아 환자를 더 잘 치료하도록 도움을 주었다.

이러한 개방형 네트워크의 확산은 데이터를 공유하는 사람들에게 매우 유용한 것으로 입증되고 있지만, 데이터가 최신 상태이고 명확하며 관리가 용이한 경우에만 그럴 것이다. 그렇다고 정보가 많은 것이 항상 좋은 것은 아니다. 다른 사람들이 온라인으로 사용할 수 있도록 정부나 기업들의 방대한 데이터 세트가 구축되고 있는데, 이론적으로는 긍정적으로 보일 수 있지만 모든 데이터를 다 사용할 수 있는 것은 아니다. 개방형 데이터의 동향을 추적하고 전 세계 정부의 개방형 데이터 채택 상태에 대한 연례 보고서를 발행하는 가브랩 인덱스(GovLab Index)는 다음과 같은 몇 가지 중요한 사실을 발표했다.

- 전 세계 정부에서 100만 개 이상의 데이터 세트를 공개했다.
- 이 가운데 컴퓨터가 처리할 수 있는 형식이거나 개방형 라이센스로 게시된 데이터 세트는 7% 미만에 불과하다.
- 96%의 국가들은 공유하는 데이터 세트를 정기적으로 업데이트하지 않는다.

결국, 데이터는 양보다 질이 훨씬 더 중요하다. 소셜미디어 플랫폼에 광고비를 지출한 사람들은 그 사실을 이미 잘 알고 있다.

데이터 오염의 5가지 유형

데이터 과다
너무 많은 데이터가 캡처되어 회사가 어느 것에 초점을 맞추고, 어느 것에 우선순위를 둬야 하는지 혼란스러워지는 경우.

데이터 조작
데이터의 결과나 통찰력이 왜곡돼 편향된 주장을 따르는 경우.

데이터 파괴 행위
사람들이 해를 끼칠 목적으로 고의적으로 부정확하거나 불완전한 정보를 공유하는 경우.

데이터 오염
데이터 제공자가 여러 소스에서 데이터를 수집한 다음 뒤섞고 고치고 삭제하는 경우.

데이터 기간 만료
데이터가 필요에 따라 자주 업데이트되지 않고 최신 데이터를 반영하지 못해 가치가 없어진 경우.

원본은 〈뻔하지 않은 트렌드 보고서 2018〉을 참조

가짜 계정이 데이터를 파괴하는 경우

페이스북은 사용자들에게서 수집한 엄청난 양의 데이터로 큰 이익을 얻었다. 그 데이터에 접근하기 위해 광고주들은 페이스북으로 몰려들었다. 페이스북이 각 사용자들에 대해 알고 있는 상세한 정보는, 사용자들이 믿는 것, 듣는 것, 좋아하는 것, 그리고 그들이 찾고 있는 것을 바탕으로, 광고주들에게 특정 사람들을 목표로 삼을 수 있는 큰 기회를 제공한다.

다른 온라인 플랫폼에서도 광고주들에게 유사한 기능을 제공하고 있다. 그러나 이런 플랫폼들은 이제 점점 새로운 현실적인 문제에 직면하고 있다. 바로 플랫폼의 많은 사용자들이 실제로는 트롤(troll, 부정적이거나 선동적인 글이나 댓글을 인터넷에 전문적으로 올리는 사람을 말하는 신조어 – 역주), 가짜 계정 또는 봇이라는 것이다.

2019년 상반기에 페이스북은 시스템에서 가짜 계정을 제거하는 작업을 수행했다(이 작업은 이제 의례적인 일이 되고 있다). 페이스북은 이 작업에서 무려 33억 9,000만 개의 가짜 계정을 삭제했는데, 보도에 따르면 사상 최대 규모였다고 한다. 그런 엄청난 수의 가짜 계정은 불과 반년 만에 만들어진 것으로, 24억 개로 추정되는 실제 유효 계정 숫자를 크게 웃도는 수치다.

대부분의 플랫폼들은 이런 수치를 공개하기를 꺼리기 때문에, 얼마나 많은 소셜미디어 계정이 가짜인지는 정확히 알 수 없다.

하지만, 일부 독립적인 연구기관들은 모든 소셜미디어 프로필의 최소한 15%는 실제 사람이 아닌 자동 생성된 계정일 것이라고 추정한다. 이처럼 높은 가짜 계정 비율은 광고주들을 좌절시킨다.

글로벌 소비재 회사 P&G의 최고브랜드 책임자 마크 프리처드 Marc Pritchard는 이 문제를 해결하는 데 앞장서는 사람들 중 하나다. 그는 2017년에 가시성(viewability, 플랫폼 상의 전체 광고 중 사용자가 실제로 본 광고의 비율 - 역주), 사기, 품질 측정 불가 등의 이유로 디지털 광고 지출을 2억 달러 이상 줄인 것으로 유명하다. 그의 결단은 미디어 업계에 파장을 일으켰고, 플랫폼들은 휴면 계정을 삭제하고 데이터를 정리하기 위해 한바탕 소동을 겪었다. 그러나 안타깝게도, 데이터를 오염시키는 것은 소셜미디어의 가짜 계정만이 아니다. 때로는 사용자 스스로의 데이터 손상이나 누락에 기여한다.

나는 15살 아들을 인스타그램에서 팔로우하는데, 지난달 아들의 계정에서 이상한 점을 발견했다. 우리는 여름에 몇 주 동안 서해안을 여행하면서 많은 사진을 인스타그램에 올렸는데, 어느 날 그의 계정에 달랑 4장의 사진만 남아 있었던 것이다. 나는 그가 게시물들을 잃어버렸는지 걱정하며 아들에게 왜 사진들이 없어졌는지 물었다. 그가 말했다. "내가 지웠어요." 나는 궁금해서 왜 그랬냐고 물었다. "더 이상 필요 없어졌으니까요."

내 아들의 게시물 대부분은 내 게시물보다 '좋아요'를 10배 정도 더 많이 받지만, 내 아들에게 그런 사회적 증거는 그다지 중요하지 않은 것 같다. 나는 소셜미디어를 내 인생의 갤러리로 여기는 반면, 내 아들은 단지 매일 갈아입는 옷가지로밖에 여기지 않는 것 같다. 알고 보니 내 아들만 그런 것이 아니었다. 십대들은 인스타그램에서 그들의 계정을 정리하면서, 자신의 프로필에서 사람들의 '좋아요'를 많이 얻지 못했거나 사람들이 더 이상 원하지 않는 오래된 사진들은 삭제한다는 워싱턴 포스트(WP)의 기사를 본 적이 있다. 그러나 사용자가 오래된 게시물을 삭제하면 페이지 뷰와 참여 시간 통계가 바뀌기 때문에 인스타그램이 수익을 올리려고 하는 데이터가 왜곡될 수 있다. 그들의 데이터가 정확하지 않을수록, 광고를 판매할 기회는 더 적어진다. 인스타그램은 회사 비즈니스 모델의 기반이 되는 데이터를 사용자가 삭제하는 것을 막기 위해, 오래된 이미지를 삭제하는 대신 보관할 수 있는 기능을 도입했다.

사용자들이 계속해서 더 많은 데이터를 생성함에 따라, 인스타그램 입장에서는 사용할 수 있을 정도로 양호한 상태로 데이터를 유지해야 하는 절박함도 커질 것이다. 바로 여기에서 사회적 비용이 발생하는데, 우리는 2014년 트렌드 보고서에서 이를 '지나치게 계량화된 삶'(Overquantified Life)이라고 언급했다. 우리의 모든 온라인 상호작용이 숫자로 표시되는 세상에서, 사람들은 다른 무엇보다 자신의 숫자를 우선시하고 그런 숫자에 의존해('좋아요'를 얼마나 얻는가에 따라) 자신의 행동을 부추기는 삶을 살게 된다는 의미였다. 사람들은 자신의 경험이 친구나 알지도 못하는 사람에게 온라인상에서 좋은 사회적 반응(좋아요)을 이끌어내야만 공유할 가치가 있는 경험으로 생각하는 것 같다.

'나무 하나가 숲에서 쓰러졌는데 그 앞에서 누군가가 셀카를 찍는 사람이 없다면, 우리는 나무가 실제로 쓰러졌다는 사실을 어떻게 알 수 있단 말인가?'

이처럼 우리 삶의 경험이 희화화되지 않도록 하기 위해, 인스타그램은 모든 상호 작용에서 '좋아요'를 감추는 일에 앞장선 유일한 플랫폼이다. 다행히 인스타그램의 그런 결정이 매우 반응이 좋아서 많은 다른 플랫폼들도 같은 조치를 취할 것을 고려하고 있다. 그러나 우리가 '좋아요'의 숫자를 보든 못 보든, 그 숫자들이 실제로 의미하는 것의 문제는 여전히 남아 있다.

데이터에 의미 부여하기

지난 몇 년 동안 웨어러블 건강 추적기에 대한 미국 소비자들의 사용 비율은 2014년 9%에서 2018년 33%로 크게 증가하면서 많은 인기를 끌었다. 이 장치는 심장 박동 수에서 수면 패턴, 운동 시간 등 다양한 종류의 건강 정보를 수집하는데, 의료서비스 제공자들은 이런 정보를 사용해 사용자의 건강을 판단한다. 하지만 코넬대학교 의과대학(Weill Cornell Medicine)의 프레드 N. 펠즈만Fred N. Pelzman 박사는 의료 서비스 제공자들이 모든 데이터를 이해하기는 힘들다고 말한다. 그는 유명한 의학 블로그 케빈MD(KevinMD)에 다음과 같이 썼다. "매일 아침 전자 건강기록에 접속하면, 환자들이 내게 자신의 건강 기록을 봐달라며 보낸 메시지가 빼곡합니다. 하지만 그 많은 데이터를 보면 추정할 수 있는 건강 이상 가능성이 너무 많습니다. 그 데이터로는 어떤 질병도 배제할 수 없으니까요."

즉, 웨어러블 기기에 의해 수집된 데이터 더미에 접근할 수 있다고 해서 의료서비스 제공자들이 그 모든 데이터에서 반드시 의미를 찾을 수 있는 것은 아니라는 것이다. 그 통계가 '만족스럽다'는 차원을 넘어 실제 의미 있는 가치를 찾기는 쉽지 않다. 예를 들어, 어떤 기기는 '하루 만보 걷기' 같이 사용자가 임의의 목표에 도달할 때마다 축하 불꽃 아이콘을 표시하는 등 여러 훌륭한 기능을 제공한다. 그런 기능으로 많은 데이터를 수집하지만, 그런 데이터가 장기적인 건강이나 행복에는 거의 영향을 미치지 않는다.

물론 이 경우는 소규모 데이터 분석에서의 일반적인 어려움이지만, 인간이 분석하기에 매우 복잡한 대규모 데이터 세트는 어떨까? 이 경우 대부분의 조직들은 저장된 방대한 데이터를 검토하고 유용한 통찰력을 즉시 추론하는 작업을 자동화하는 머신러

닝과 인공지능에 의존한다.

　중국의 보험 대기업 핑안(平安)은 이 방법의 잠재력을 보여주는 완벽한 예다. 이 회사는 3년에 걸쳐, 중국에서 판매된 6만 여종의 다양한 자동차 모델에 사용된 2,500만 개의 부품 데이터베이스와 차량 파손 사진을 비교하는 인공지능 기반의 초고속 현장 조사 보험금 청구 시스템을 완성했다. 이 시스템은 데이터베이스와 차량 파손 사진을 분석해 중국 전역의 14만 개 이상의 정비소에서 그런 파손을 수리하기 위한 부품과 인건비를 계산한다. 이 시스템은 또 소비자들이 거짓이나 부정한 주장을 하는지 탐지하기 위해 소비자의 얼굴 표정을 판독하는 얼굴 인식 기능도 갖추고 있다. 이 시스템을 온라인으로 운영한 첫해에, 회사는 7백만 건 이상의 클레임을 해결하고 7억 5,000만 달러 이상을 절감한 것으로 알려졌다. 수집된 데이터의 양이 늘어날수록, 의미 있고 적시에 데이터를 분류할 수 있는 회사들은 큰 이익을 얻을 수 있을 것이다. 그러나, 그것은 그들이 그런 정보들을 그들이 이용할 수 있을 때에만 가능하다. 때로는 그런 정보들을 이용할 수 없을 때도 있다.

데이터 소유권과 수익을 내는 데이터

　소셜미디어 플랫폼과 인터넷 연결 기기의 폭발적 증가로, 기업들은 우리의 모든 행동과 생각을 즉각적으로 포착할 수 있게 되었다. 그러나 이런 데이터의 대부분은 기업이 직접 구하거나 원래부터 소유하고 있던 것이 아니다. 앞으로 소비자가 가지고 있는 '스몰 데이터'와 기업이 가지고 있는 '빅 데이터'가 서로 경쟁하는 상황이 되면, 향후 기업들이 당면할 가장 시급한 문제는 과연 소비자들이 지금처럼 데이터를 기업들과 자유롭게 공유할 것인가의 여부가 될 것이다.

오늘날 인터넷은 우리의 개인 정보를 어떤 종류의 보상과 교환하도록 유혹하는 웹사이트들로 가득 차 있다. 이벤트 티켓을 원하시나요? 아니면 무료 보고서를 다운로드하시겠습니까? 먼저 당신의 이메일 주소를 주세요. 제품 등록을 원하십니까? 간단한 설문조사에 응답하시고 권한을 활성화하십시오. 이런 식으로 수집된 데이터뿐만 아니라, 우리가 웹사이트를 검색하거나, 쇼핑카트에 제품을 추가하거나, 소셜미디어에 의견을 공유하고 게시하면서 더 많은 시간을 소비할수록, 우리의 정보는 기업이 우리에게 제공하는 제품을 마케팅하고 맞춤화하기 위해 사용하는 빅데이터 세트의 일부가 된다.

우리는 기꺼이 우리의 데이터를 교환하지만, 우리의 세부 정보가 어떻게 사용되는지에 대한 우려는 여전하다. 나는 2014년에 '개인정보 편집증'(Privacy Paranoia)이라는 트렌드를 쓰면서 이 점을 지적했다. 그럼에도 우리가 계속 그렇게 하는 이유는 행동경제학에서 '이익의 즉각성'(benefit immediacy)이라고 부르는 것의 영향을 받고 있기 때문이다. 그렇게 함으로써 위험은 지연되고 이익은 즉각적이기 때문에 기꺼이 정보를 공유한다는 것이다.

엄청난 양의 데이터를 수집하는 스마트 기기를 계속 사용함에 따라, 우리는 데이터의 생성자에 그치지 않고 데이터의 실시간 소비자이자 소유자로 전환될 것이다. 우리는 데이터를 수집한 플랫폼에 우리가 만든 데이터를 제공함으로써(와이파이, 차주전자나 기분 추적 팔찌 같이 정보를 공유해도 괜찮을 것 같은 제품들), 그 대가로 적절한 인센티브를 제공하는 기업들과 데이터를 공유할 수 있는 위치에 있다.

데이터가 넘치는 오늘날의 세상에서 소비자들은 새로운 방식으로 이익을 얻을 수 있게 되었다. 개인 데이터가 개인에게 이익을 제공하기 시작함에 따라, 사람들은 기꺼이 정보를 공유하는 것과, 기업들의 데이터 수집이 그들의 삶에 미치는 영향을 어느 정도 허용할 것인지의 사이에서, 다시 한번 균형을 잡게 될 것이다. 그러나 안타깝게도, 때로는 선택의 여지가 없을지 모른다.

사회적 신용점수로 등급 매기기

2018년 말, 우버는 소위 '진상 고객'에 대한 탑승 제한 정책을 도입했다. 지난 10년 이상 동안, 무언가에 등급을 매기는 것은 일방적인 상호작용이라고 여겨졌다. 소매업체, 식당, 의사, 교사들의 등급을 매기는 플랫폼도 있는데, 이들은 모두 동일한 기본적

가정을 공유하고 있다. 바로 소비자가 등급을 매긴다는 것이다. 소비자들은 이런 등급을 노골적으로 신뢰하기 때문에, 많은 경우 낮은 등급의 레스토랑은 폐업할 수도 있고, 역시 온라인에서 낮은 등급을 받은 제품은 진열대에서 사라질 수도 있다. 그러나 그 등급을 매기는 방식을 거꾸로 적용한다면 어떨까? 우버나 다른 승차 공유 플랫폼들은 모두 거꾸로 등급을 매기는 방식을 적용하고 있다. 고객이 운전자를 평가할 뿐 아니라 운전자도 고객을 평가하는 것이다. 우버 운전자들이 매긴 고객 등급이 4.0 이하로 떨어지면 그 고객은 우버 탑승이 거부될 수도 있다는 의미다.

그러나 등급 데이터가 앞으로 어떻게 사용될지에 대한 가장 극단적인 예는 중국에서 볼 수 있다. 지난 몇 년 동안 중국은, 시민들의 행동에 따라 '사회적 신용' 등급을 매기는 사회신용 평가제도(SCS)라는 프로그램을 실험해 왔다. 이 제도에서, 시민들은 군복무를 자원하거나, 공과금을 연체하지 않으면 보상을 받고, 난폭 운전을 하거나 온라인에 가짜 뉴스를 게시하는 것과 같은 활동 등에 대해서는 불이익을 받을 수 있다.

불이익을 주는 방식은 비행기나 기차의 탑승이 거부되는 것에서부터 새로운 직업을 찾는 것을 제한하는 것에 이르기까지 다양할 수 있으며, 좋은 사회적 신용점수로 보상을 받는 방식은 더 유리한 이자율을 적용받거나 여행 비자의 빠른 승인 같은 것이 될 수도 있다. 많은 관찰자들에게 이 시스템은, 국가 통제 시스템에서 나쁜 등급을 받았다는 이유로 배척되는 공상과학영화의 반이상향 시나리오처럼 보인다. 물론 그런 비판이 '먼 미래의 최악의 시나리오'에 근거해 공포를 과장하는 것이라며 이 제도를 옹호하는 사람들도 있다.

이런 것들이 바로 '데이터 풍요 시대'(Data Abundance)라는 메가트렌드가 앞으로 제기하게 될 질문들이다. 우리가 더 많은 정보를 수집할수록, 그 정보들을 어떻게 해석하고, 그런 해석이 우리의 일상생활에 어떤 영향을 미칠지에 대해 더 많은 도전에 직면하게 될 것이다.

'데이터 풍요 시대' 트렌드 요약

소셜미디어와 스마트 기기 덕분에, 기업과 소비자들은 그들이 이해하기도 힘든 데이터들로 넘쳐난다. 문제는 대부분의 경우 이런 데이터 세트가 왜곡되거나 너무 방대해 의미 있는 통찰력을 도출할 수 없다는 것이다. 이 문제에 대처하기 위해, 데이터를 소유하고 분석해야 하는 그룹들은 점점 더 머신러닝에 의존하며, 중요한 통찰력을 제공하거나 조치를 취하기 위해 자동화된 제안을 제공할 것이다.

데이터 풍요 시대의 가장 중요한 의미는 아마도 소유권과 기대치에 있을 것이다. 인터넷에 연결된 스마트한 개인용 기기를 통해 소비자들 스스로 데이터의 거대한 생산자가 되면서, 그들은 자신들이 생성하는 데이터에 대한 더 많은 통제와 소유권을 요구할 것이다. 그들은 그들의 정보가 어떻게 사용되는지에 대해 더 잘 알게 될 것이고, 누구와 공유하는지에 대해 더 조심하게 될 것이며, 기꺼이 정보를 공유하는 대가로 더 많은 인센티브를 요구할 것이다.

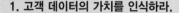

'데이터 풍요 시대' 트렌드 활용하기

1. 고객 데이터의 가치를 인식하라.

사용자들이 자신의 행동에서 수집되는 데이터에 대해 더 많은 통제를 요구할수록, 기업들은 사용자가 기꺼이 그런 데이터를 공유하도록 더 많은 인센티브를 제공해야 한다. 힘이 더욱 강해진 고객들은 때로는 정책 변경을 요구하거나 계정을 삭제하는 등, 자신의 데이터에 대한 소유권을 되찾기 위한 극단적인 조치를 취하기도 한다. 자신들이 보유하고 있는 소비자 데이터를 이용해 계속 돈을 벌려고 하는 기업들은 보다 투명성을 제공하고, 소비자 데이터를 윤리적 방법으로 사용할 것임을 보장하며, 소비자에게 가치를 명확하게 입증함으로써 이러한 새로운 현실에 적응해야 할 것이다.

2. 데이터를 이용해 더 나은 질문을 하라.

데이터를 맹목적으로 따르거나, 데이터로 인해 과부하가 걸렸다는 생각에서 생기는 문제들은 대부분의 경우 데이터에 올바른 질문을 하지 못했기 때문이다. 단지 질문 스프레드시트의 칸을 채우려 하지 말고, 데이터 전략을 수립해 가치를 이끌어낼 수 있는 질문을 파악한 다음, 더 크고 더 나은 질문에 답변하기 위해 기존 데이터(또는 앞으로 수집할 새 데이터)를 어떻게 활용할 수 있을지에 대해 생각해 보라.

3. 불필요한 데이터를 정리하라.

데이터 수집은 질보다 양이 우선이라는 생각을 멈춰라. 회사에 좋은 데이터가 무엇이고 나쁜 데이터가 무엇인지를 더 잘 이해하기 위해서는, 먼저 기존 데이터베이스에서 오염된 데이터를 제거하고 시스템을 업데이트해 신뢰할 수 없는 정보가 데이터베이스로 들어가지 않도록 하라.

'데이터 풍요 시대' 트렌드의 진화

이 메가트렌드와 관련된 과거 트렌드는 어떻게 발전되었나.

측정되는 삶(MEASURING LIFE) (2012)

추적 기능을 갖춘 도구들이 개인 데이터를 제공하며 우리 삶의 모든 영역을 모니터링하고 측정한다.

⇩

지나치게 계량화된 삶(2014)

웨어러블은 데이터를 수집하는 새로운 방법을 제공하지만, 그 유용성은 실행 가능한 통찰력을 제공하지 못하는 피상적인 분석에만 국한된다.

⇩

개인정보 편집증(2014)

정보 유출로 인해, 정부와 기업들이 우리에 대해 알고 있는 것과 그들이 이 정보를 어떻게 불법적으로 사용할지에 대한 새로운 편집증이 전 세계적으로 나타나고 있다.

⇩

스몰 데이터(2015)

소비자들도 자신의 정보를 점점 더 많이 수집하게 되면서, 기업이 소유하고 있는 '빅 데이터'의 중요성이 소비자가 소유하고 있는 즉시 실행 가능한 '스몰 데이터'보다 점점 더 떨어지고 있다.

⇩

⇩

데이터 과다(2016)

　개인 및 기업의 공개 데이터가 지나치게 많아지면서, 기업들은 데이터를 의미 있게 만들기 위해 알고리즘을 넘어 인공지능, 전문 큐레이션 기관, 기술 스타트업을 찾고 있다.

⇩

데이터 오염(2018)

　우리 주변의 세계를 수량화 하기 위한 방법을 더 많이 만들수록, 데이터는 조작되고, 오염되고, 파괴되어, 쓸모없는 정보에서 진정한 통찰력을 분리하는 것을 더 어렵게 만들고 있다.

데이터 풍요 시대

Chapter 12

보호 기술 PROTECTIVE TECH

보호기술이라는 메가트렌드는?

우리와 우리의 세계를 안전하게 하고, 삶을 더욱 편리하게 해주는 예측 기술에 점점 더 많이 의존하게 되면서, 우리는 그런 기술이 실행되는 대가로 제공하는 개인정보 유출이라는 문제와 싸워야 한다.

지난 10년 동안, 우리는 회사나 일상생활에서, 우리가 의식하든 그렇지 않든, 우리를 보호하는 기술에 익숙해져 왔다. 공항으로 가는 길에 비행기 출발 시간이 변경되었다는 문자 메시지를 받기도 하고, 지나치게 큰 금액의 물건을 사면 거래 은행에서 실제로 그 거래를 했는지 확인하는 전화나 문자를 받기도 한다. 우리가 책상에 두 시간 이상 계속 앉아 있으면, 웨어러블 건강 추적기가 진동으로 운동을 하라고 상기시켜준다. 이메일을 수신하면 알고리즘이 스팸 메일을 받은 편지함에 들어가기 전에 미리 제거해준다.

똑똑한 예측 기술은 우리가 더 건강하고, 더 쉽고, 더 안전하고, 더 생산적인 삶을 살 수 있도록 도와줄 뿐만 아니라, 환경을 보호하고 더 효율적인 사회를 즐길 수 있도록 도와주기도 한다. 하지만 우리가 그런 기기에 더 많이 익숙해질수록, 우리는 그 기술에 점점 더 맹목적으로 의존하게 되었고, 그로 인해, 기술이 우리를 위해 어떤 결정을 하게 하는 것이 과연 좋은 생각인지, 우리 자신이나 민주적 절차가 우리에게 해를 끼치려는 해커, 사기꾼, 조작자들에게 더 취약하게 되도록 하는 것은 아닌지 등 여러 가지 질문에 직면하게 되었다. 이것이 바로 '보호 기술'(Protective Tech) 메가트렌드의 핵심이다. 이 트렌드는 앞으로 몇 년 동안, 예측 기술에서 이익을 얻는 한편 그 대가로 개인정보를 양보해야 하는 양날의 칼에 대한 치열한 논쟁이 일어나리란 것을 예고한다. 무엇이 위태로운지를 이해하는 데에는, 편의와 개인정보 사이의 올바른 균형이 깨지는 것이 생사의 결과로 이어질 수 있는 의료 분야보다 더 나은 곳은 아마 없을 것이다.

로봇 치료법과 몸 안의 칩

로봇을 당신의 치료사로 사용하는 것을 고려해 보겠는가? 스탠포드 의대 임상연구 심리학자인 앨리슨 다아시Alison Darcy 박사는 그래야 한다고 생각한다. 그녀는 사람들이 인간보다 로봇과 대화할 때 자신의 건강에 대해 더 정직하게 말한다고 생각한다. 로봇은 우리가 진실을 말하는지 거짓을 말하는지 판단할 수 없겠지만 말이다. 다시 박사는 워봇(Woebot)이라는 AI 챗봇 '치료사'를 개발했다. 이 도구는 개방형 질문을 하고 환자들이 그들의 감정을 솔직히 털어놓도록 격려하는 등, 인지행동 치료사들과 똑같이 환자들과 상호작용하도록 프로그램되어 있다. 이 앱 기반 채팅 도구는 24시간 온디맨드 방식으로 사용할 수 있으며, 프롬프트를 통해 "오늘 기분이 좀 어떠세요?" 같은 인사를 하며 환자들이 감정에 대해 더 솔직해지도록 격려한다.

워봇은 우리의 정신 건강을 더 잘 관리하도록 돕기 위해 개발된 많은 AI 지원 기술 사례 중 하나일 뿐이다. 사람의 생명을 구할 수 있는 잠재력을 가진 예측 기술도 있다. 페이스북은 자기 자신(자살 또는 자해)이나 다른 사람들을 해칠 기미가 보이는 콘텐츠를 탐지할 수 있는 도구들을 만들어 왔다. 목표는 그런 도구들이 그런 기미를 파악하면 친구와 가족들에게 조기 경고를 보내 신속하게 개입할 수 있도록 하는 것이다.

2013년, 이탈리아 브레시아 대학교(University of Brescia) 연구원들은 많은 돈을 잃은 온라인 도박꾼들은 예측 가능한 톱니바퀴 패턴으로 돈을 거는 경향이 있다는 것을 발견했다. 하버드 의대 정신과 의사인 하워드 쉐퍼Howard Shaffer 박사가 이끄는 연구

팀은 온라인 도박 사이트들과 제휴해, 도박꾼들이 문제를 일으킬 기미가 보이는 행동을 할 때 즉각 개입할 수 있는 데이터 기반 알고리즘을 개발했다.

정신 건강을 보호하기 위한 예측 기술도 상당히 새로운 기술이긴 하지만, 우리의 몸 상태가 어떤지를 추적하는 데 도움을 주는 스마트한 기술이 이 외에도 많다. 웨어러블 건강 추적기는 심장 박동수, 수면 패턴, 몸의 자세까지, 우리 몸의 모든 생명 징후를 모니터링하기 위해 사용되면서 폭발적인 성장을 이루었다. 심지어 우리 몸 안에서 작동함으로써 자기 감시를 한 단계 더 끌어올린 새로운 장치들도 등장했다. '내장 칩'이라고 불리는 이 마이크로 장치는 삼키거나, 주사로 투입되거나, 몸 안에 이식되어 문제를 진단하고 전자 신호를 통해 생체 정보를 보냄으로써 건강 추적을 돕는다.

예측 의료

기술이 발전함에 따라 이러한 유형의 센서는 더 저렴해지고 사용하기 쉬워지고, 따라서 더 흔해질 것이다. 그런 기기들은 단지 문제를 파악하는 것 이상으로, 우리의 건강을 감시하고, 약을 복용하는지 여부를 추적하며, 심지어 어떤 증상을 느끼기도 전에 미리 질병을 발견함으로써 치료를 도울 것이다. 예를 들어, 건강 기술 스타트업 페이스프린트(FacePrint)는 얼굴 인식 소프트웨어를 사용해 파킨슨병을 진단할 수 있는 도구를 만들었는데, 이는 얼굴의 미세한 표정 변화에 대한 심리학자 폴 에크먼Paul Ekman 의 연구에서 영감을 받은 한 고등학생의 끈질긴 노력의 결과다.

이것이 건강 관리의 미래다. 셀카에 찍힌 얼굴 표정에서부터 건강 추적기의 데이터 스트림에 이르기까지 모든 것이 우리의 건강을 미리 개선하고, 병을 진단하고, 심지어 자살이 일어나기 전에 자살을 예측하고 개입하는 데 사용될 수 있는 것이다. 이런 추적 장치와 예측 기술이 우리의 신체적, 정신적 건강을 관리하는 데 사용됨에 따라, 한편으로는 그런 장치들이 수집하는 정보가 우리를 불편하게 만드는 방식으로도 사용되기 시작하고 있다. 예를 들어, 자판기 제조업체인 리아 벤더스(Rhea Vendors)는 얼굴 인식 기술을 사용해, 나이, 의료 기록, 과거 구매 이력을 토대로 그 사람의 건강에 좋지 않은 스낵을 파는 것을 거부할 수 있는 자동판매기를 출시했다. 사탕 판매를 거부하는 자판기처럼 다른 사람의 식품 선택을 비판하는(food-shaming) 자판기는 개인 건강 데이터가 얼마나 지나치게 오용될 수 있는지를 보여주는 사례라며 많은 비평가에게서 최악의 비판을 받았다.

스마트 기술이 우리의 삶을 관리하는 데 도움을 주려는 열망과 이것이 오히려 우리의 건강을 침해할 수 있다는 우려 사이의 긴장감은, 이 기술이 보편화됨에 따라 더욱 커질 것이다. 여기에서 우리는 자연스러운 질문에 직면한다. 과연 우리 인간은 우리의 건강과 삶의 결정을 기계에 맡겨야 할 것인가?

우리 집 안에 많은 스마트 기술이 이미 들어와 있다는 사실은, 적어도 일부 환경에서는 우리가 이미 그렇게 하고 있음을 시사한다.

자동화된 성인들의 일상

한 호텔에 투숙했는데 칫솔을 가지고 오지 않았다. 안내에 전화를 걸어 칫솔 하나를 부탁했더니 몇 분 후에 로봇 지배인이 칫솔을 방으로 가져다준다. 샌프란시스코만 지역에 있는 로봇 회사 사비오크(Savioke)와 협력하는 10여 개의 호텔에서 볼 수 있는 장면이다. 사비오크는 빠르게 부상하고 있는 서비스 산업 실용 로봇 개발의 선구자로, 가능한 조용하고 효율적으로 호텔 내부 잡무를 능숙하게 처리하는 작은 로봇 도우미를 개발했다. 오늘날 잔디 깎는 로봇이나 지능형 오븐 등이 이미 시장에 나와 있는데, 지능형 오븐은 카메라를 사용해 음식의 종류를 판단하고 요리하는 시간을 결정한다. 또 먼지를 스스로 감지하는 진공청소기, 스마트 변기, 당신이 집을 나가거나 들어오는 시간을 예측하는 주인 감지 도어 잠금 장치도 있다.

또 당신의 과거 주문을 기억하는 식료품 쇼핑 앱, 처방전 리필(prescription refills, 새 처방전 없이 이전 처방전으로 약을 탈 수 있는 횟수 – 역주)을 확인하는 자동 문자, 청구서를 대신 지불해주는 개인금융 앱 등, 우리의 잡일들을 관리하는 데 도움이 되는 다른 기술 도구들도 많이 있다. 책임감 있는 성인들이 매일 처리하는 일상적인 잡일들이 점점 더 자동화되고 있다는 것은 분명하다. 이것이 우리가 2016년에 '자동화된 성인들의 일상'(Automated Adulthood)이라고 쓴 트렌드다. 현대 가정에서 우리는, 청소하고, 문을 잠그고, 전등을 끄고, 심지어 변기의 물을 내리는 것조차 기억할 필요가 없다. 이 모든 일이 우리를 위해 자동으로 이루어지니까 말이다.

조만간 직장에서도 이런 자동화가 적용될 것이다. 컨설팅 회사 딜로이트(Deloitte)의 암스테르담 본사 건물은 2015년에 '세계에서 가장 똑똑한 건물'로 언급되었다(실제 건물 이름도 에지(Edge)다). 이 건물은 전화기와 동기화되어 있어 당신 차가 주차장으로 들어오는 시간을 감지해 당신 사무실을 일하기 좋은 온도로 설정하고, 아트리움 디자인(atrium design, 건물 중앙이 높은 유리 지붕으로 된 모양 - 역주)의 실내는 비가 오는 날에도 실외 같은 느낌을 줄 수 있도록 온도와 공기 흐름에 약간의 변화를 주는 것이 특징이다.

보호 기술 메가트렌드가 향후 10년 동안 계속될 것이기 때문에, 젊은 세대의 소비자들은 기술이 그들의 삶의 모든 순간을 최적화하기를 기대할지 모른다. 그러나 성인이 일상적인 일을 하는 데 기술에만 의존하게 되면, 인간관계가 이루어지는 미묘한 부분들을 다룰 수 있는 능력을 잃게 될지 모르는데 그런 일조차도 기술에 의존할 수 있을 것인가?

한 가지 예로, 조롱받아 마땅한 브로앱(BroApp)이라는 것이 있다. 이 앱은 남성들이 자신의 여자친구들에게 얼마나 사랑하는지를 상기시켜주는 문자 메시지를 자동으로 보내주고, 그 외 다른 로맨틱한 메시지를 대신 작성해 보내주는, 한 마디로 그들의 관계를 '아웃소싱'해 주는 앱이다. 이보다는 덜 극단적이지만, 파트너의 생일을 기억하거나 자동화된 인사말을 보내주는 다른 관계 관리 앱도 있다. 심지어 여러 앱에서 활동할 일련의 작업 요령(recipe)을 알려주는 IFTT(If This Then That, '특정 조건을 만족하면 서비스를 제공한다'는 의미 - 역주) 앱은 소셜미디어 중독자의 불운한 파트너에 대한 솔루션을 이렇게 제공한다. "여자친구가 새 사진을 게시하면, 그녀가 화를 내기 전에 '좋아요'라는 알림을 띄워라."

우리가 직접 하는 것이 더 나을지 모르는 일을 예측 기술에 지나치게 의존한다 하더라도, 예측 기술이 우리의 일상을 더 쉽고 안전하게 만들어 주리라는 것에는 의심의 여지가 없다. 그러나 스마트 기술이 환경에 미치는 영향은 훨씬 더 큰 반향을 일으킬 것이다.

밀렵 방지용 드론과 공중 감시

2019년에 나는 운 좋게도 남아프리카의 과학자들과 경비대원들이 코뿔소를 구하기 위해 깊은 오지로 가는 임무에 참여할 수 있었다. 그날 아침 우리가 할 일은 까만 코뿔소를 추적해 코뿔소에 표시를 새기는 일이었는데, 이 과정에서 코뿔소의 귀에서 피부 일부를 제거해야 했다. 수십 년 동안, 이처럼 표시를 새기는 것이 멸종위기에 처한 동물들을 추적하고 밀렵꾼들에게서 보호하기 위한 주요한 방법이었다. 그러나 이제 지상에서 일하는 그 팀들은 하늘에서 도움을 받는다. 보호단체들은 아프리카 전역에서 드론을 이용해 보호구역을 순찰하고, 밀렵꾼들이 동물들을 공격하기 전에 그들을 찾아 체포하고 있다. 그들도 스마트 기기에 의존해 보호구역을 감시하고, 동물과 환경을 보호하는 작업을 자동화하고 있는 것이다.

중국 정부도 양쯔강 유역 상류의 환경을 개선하기 위해 또 다른 종류의 기술을 배치하고 있다. 천하(天河, Sky River)라고 불리는 이 프로젝트에는 인공적으로 구름과 비를 형성하는 요오드화은(silver iodide) 입자를 생산하는 기계를 설치하는 작업이 포함되어 있다. 초기 추정치에 따르면, 날씨를 조작하기 위한 비구름 파종 기술이 중국 전체 연간 물 소비량의 7%를 창출할 수 있는 것으로 조사되었는데, 이는 중국 14억 인구에게 큰 혜택이 아닐 수 없다. 비구름 파종 기술은 항상 고귀한 목적으로 사용된다. 예를 들어, 2008년 하계 올림픽 기간 동안 중국은 올림픽 개최지인 베이징으로 향하는 구름들이 베이징에 도착하기 전에 비를 미리 방출하도록 하기 위해 이 기술을 사용했다. 좀 더 개인적 차원으로는, 한 유럽 기업이 결혼을 앞두고 불안해 하는 신부들을 대상으로 이 기술을 사용했다. 비구름 파종 기술을 사용해 구름을 흩뜨려 결혼식 날 비가 오는 것을 미리 방지한 것이다. 이 회사는 이 서비스에 10만 파운드(1억 5,000만원)를 받았다.

그러나 이런 사례들은 복잡한 문제를 제기한다. 확실히 세계는 비 없는 올림픽으로 이익을 얻을 수 있었지만, 정부나 민간회사가 특정 개인이나 이벤트를 위해 날씨를 바꾸는 것이 과연 윤리적인가? 멸종 위기에 처한 야생동물을 보호하기 위해 드론을 사용할 수 있지만, 파파라치들이 불법 사진을 찍거나 테러리스트들이 항공 교통 통제를 방해하기 위해 드론을 사용하는 경우는 어떻게 할 것인가? 이러한 기술들이 우리 세계에 이익을 제공하는 한편에는, 사생활과 시민 자유에 미치는 상응하는 비용이 발생할 수 있는 것이다.

이 같은 질문은 보호 기술이라는 메가트렌드에 긴 그림자를 드리운다. 감시 단체들이나 관련 시민들 모두, 이 모든 보호 기술의 진정한 비용에 대한 의문을 공공연히 제기하고 있다. 그것이 기회주의적인 악의적 무리들에게 우리를 취약하게 만들까 우려하고 있다. 우리는 이미 그런 악당들의 출현을 보기 시작하고 있다.

에스토니아의 교훈

발트해 연안의 옛 소련 국가인 에스토니아는 인구가 130만 명에 불과하고 땅의 크기도 작지만, 기술적 정교함은 그렇지 않다. 인터넷 접속이 기본 인권이라고 선언한 세계 최초의 국가인 에스토니아는, 은행 업무, 세금 부과에서 투표에 이르기까지 이 나라가 어떻게 낡은 시스템을 버리고 온라인에서 많은 서비스를 운영할 수 있게 되었는지에 대한 사례연구가 되었다.

에스토니아는 모든 시민들에게 미국의 사회보장번호와 유사한 고유 숫자 집합을 부여한 디지털 식별자의 선구자다. 대부분의 중요한 일들은 온라인에서 수행되고 디지털 식별자를 통해 추적되기 때문에, 세무 신고, 은행 계좌 개설, 사업자 면허 신청 같이 서류 작업으로 오랜 시간이 걸리는 번거로운 절차들이 대부분 자동화되어 있다.

해커도 세계를 구할 수 있다

더 많은 나라들이 디지털 방식으로 정부를 변화시키고, 정부 운영을 위해 스마트 기술에 의존함에 따라, 그들은 한편으로 사이버 공격의 더 매력적인 대상이 된다. 에스토니아는 2007년에 여러 차례의 합동 공격을 받은 이후, 앞으로 이를 막기 위한 도구를 만들었다. 2019년 부정 선거를 막기 위한 이 나라의 접근 방식은 민주적 선거 과정을 온전하게 보호하는 방법의 본보기가 되었다.

이렇게 기술을 이용해 선거 결과에 영향을 주려는 나쁜 행위자들에게서 선거 절차를 안전하게 지키는 것이 전 세계 모든 정부의 최우선 과제가 되면서, 각국 정부들은 예상치 못한 그룹의 도움을 받고 있다. 몇 년 전, 카오스 컴퓨터 클럽(Chaos Computer Club)이라는 독일 함부르크의 해커 집단이 독일 선거를 앞두고 투표 소프트웨어에 보안 결함이 있음을 폭로했다. 이 폭로로 그들은 러시아 해커들의 공격 가능성에 대해 선거 과정을 안전하게 보호한 공로를 널리 인정받았다. 오늘날 각국 정부들은 자신의 기술을 선을 위해 사용하기로 선택한, 이른바 '선량한'(whit hat) 해커들을 고용하고 있다. 이들은 선의의 목적으로 기존 시스템을 해킹하고 목적을 달성하면 보상금을 받는다. 그들은 선거 시스템을 해킹해, 범죄자들이 공격하기 전에 시스템의 취약점을 찾아 보완하도록 한다.

기술 대기업들도 선거 시스템을 보호하기 위한 이 같은 해커들의 활동을 지원한다. 마이크로소프트는 최근, 정부가 선거 해킹 시도를 더 잘 발견하고 예방할 수 있도록 지원하는 무료 오픈소스 선거 소프트웨어 일렉션가드(ElectionGuard)를 발표했다.

많은 나라들이 에스토니아의 사례를 따라 디지털 방식으로 정부 시스템을 혁신하고 보호하기를 원하지만, 그런 전망이 그리 밝지만은 않다. 에스토니아는 작은 나라다. 에스토니아보다 더 큰 나라들이 거대한 아날로그 시스템을 버리는 것은 거의 불가능해 보인다. 과거에도 민간 기업들이 참여해, 복잡하고 관료적인 법률 및 금융 시스템을 소비자에게 보다 쉽고 안전하게 처리하도록 하는 데 많은 어려움을 겪은 바 있기 때문이다.

원버튼 소송 및 로보어드바이저

2015년, 18세의 영국계 미국인 학생 조슈아 브라우더Joshua Browder는 수십 장의 주차 위반 딱지에 대해 자동으로 진정서를 내는 소프트웨어를 만들었다. 이후 4년 동안, 그의 DoNotPay('벌과금을 미리 내지 마세요'의 의미 – 역주) 앱은 사람들이 2,500만 달러(300억원) 이상의 벌금을 내지 않도록 도왔고, 500만 달러에 달하는 벤처캐피털 자금을 투자받아 플랫폼을 더 발전시켰다.

그 앱은 이후 '사람들이 기업과 싸우고, 관료주의를 물리치고, 버튼 한 번만 누르면 누구든 소송 업무를 진행할 수 있도록' 돕는 '세계 최초의 로봇 변호사'를 개발하며 사업을 확장해 나갔다. 이 로봇 변호사는, 사람들이 사는 집에서 쫓겨나게 된 상황에서 주택자금을 신청하는 일을 돕는 것에서부터 소비자들이 개인 정보 유출 문제로 대기업을 고소하는 일을 간단하게 처리해 주는 것에 이르기까지, 많은 용도로 사용되고 있다. 최근에는 사용자가 실명을 사용하지 않고 어느 서비스의 무료 시험(free trials)에 가입하면 무료 가상 신용카드 번호를 생성할 수 있는 기능이 추가됐다.

무료 시험이 끝나면, 사용자는 별도의 취소 요청을 할 필요 없이 카드 충전이 거부되고 무료 시험은 자동 종료된다.

이 앱을 포함해, 소비자 보호를 약속하는 그 외의 디지털 툴이 보내는 메시지는 분명하다. 자동화는 탐욕적인 서비스에 대한 보호 수단이 될 뿐 아니라 소비자가 홀로 설 수 있도록 도움을 준다는 것이다. 예측 기술은 앞으로 계속 발전해 전문가들의 서비스를 강화시켜, 소비자가 터무니없는 요금을 지불하거나 편향적인 의견에 휘말리지 않도록 보호할 것이다. 그러나 동시에 자동화된 기술은, 기술의 발전에 부응하며 자신들을 더욱 필수불가결한 존재로 만드는 전문가들과, 그들의 증가하는 역할에 저항하며 그들이 사라지기를 기대하는 사람들 사이의 긴장을 점점 더 고조시킬 것이다.

'보호 기술' 트렌드 요약

　미래에는, 전등이 우리가 집에 도착하는 시간을 예상하고 스스로 켜질 것이다. 건강 추적 장치는 우리의 생명 징후를 묵묵히 감시하며 뭔가 이상이 있으면 경고를 해줄 것이다. AI로 작동하는 투자 추적기가 우리의 재정을 관리하며 필요에 따라 조정할 것이다. 드론은 우리의 하늘을 감시하며 동물이 사는 구역을 보호할 것이다. 디지털화된 정부는 단 몇 분 안에 정확하게 세금을 신고할 수 있게 해줄 것이다.

　스마트 예측 기술은 이미 우리의 삶을 더 편리하고 안전하게 만들어주었다. 그러나 이 기술이 실시간 효용성을 제공하기 위해서는, 우리와 우리 환경에 대한 정보에 끊임없이 귀를 기울이며 연중무휴로 수집해야 한다. 보호 기술이 점점 더 정교해짐에 따라, 그 기술이 우리 일상생활을 어디까지 추적하도록 허용해야 하는지, 그리고 사회의 더 넓은 이익의 관점에서 개인 정보 보호와 개인의 자유가 얼마나 중요한지에 대한 더 많은 논쟁이 이어질 것이다.

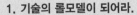

'보호 기술' 트렌드 활용하기

1. 기술의 롤모델이 되어라.

어린이들이 부모의 행동 방식에서 큰 영향을 받는 것처럼, 로봇도 처음에는 인간에게서 기본적인 능력을 부여받는다. 예를 들어, 초기 인공지능 챗봇은 트위터에서 단지 '가벼운 농담'으로 참여하는 방법을 배우면서 시작했지만, 불과 몇 주 만에 '인종차별주의자'로 발전한다(마이크로소프트가 2016년 챗봇 '테이'(Tay)의 학습 능력을 실험하기 위해 트위터에 가동시켰는데, 불과 16시간 만에 트위터 사용자들의 욕설과 인종차별적 표현 등을 학습해 히틀러 찬양, 성차별 발언을 따라 한 사건을 가리킴 - 역주). AI의 기술 학습이 점점 더 똑똑해지면서, 인간을 관찰하고 인간이 만드는 미디어를 분석하는 분야도 크게 발전할 것이다. 이것은 인류에게 특별한 도전이 될 것이다. 우리가 어린이들에게 롤모델이 되어야 하는 것처럼, 기술에 대해서도 같은 역할을 해야 할 것이다.

2. 보호 기술의 존재를 늘 인식하고 평가하라.

기술이 우리를 보호하는 방법들은 대개 겉으로는 보이지 않기 때문에 우리는 그 존재를 인식하고 평가하는 것 자체를 잊어버릴 수 있다. 미래에 기술에 대한 맹목적이고 지나친 의존을 피하기 위해서는 기술이 어느 분야에서 그런 보호를 제공하는지 늘 의식하는 노력을 기울여야 할 것이다.

3. 더 많은 기술 투명성을 요구하라.

보호 기술의 적용이 많아질수록, 누가 우리를 위해 그런 기술을 제공하는 권한을 갖고 있는지에 대한 투명성은 더욱 중요해진다. 기술이 사회에 긍정적인 영향을 미치느냐 부정적인 영향을 미치느냐는 그런 권한을 가지고 있는 사람들의 사명과 윤리에 따라 크게 달라질 것이기 때문이다.

'보호 기술' 트렌드의 진화

이 메가트렌드와 관련된 과거 트렌드는 어떻게 발전되었나.

예측적 보호(PREDICTIVE PROTECTION)(2015+2018)

기업들은 우리의 안전과 건강을 감시하고 조치가 필요하면 경고를 보내주는 스마트 제품들을 점점 더 많이 만들고 있다.

자동화된 성인들의 일상(2016)

성인들의 모든 활동에 미치기까지는 좀 더 시간이 걸리겠지만, 혁신적 서비스들이 성인들의 일상 활동을 자동화시키고 있다.

로봇 르네상스(ROBOT RENAISSANCE)(2017+2019)

인간과 유사한 인터페이스를 장착한 로봇공학의 발전은, 우리가 그 기술과 어떻게 관계를 설정해야 할지에 대한 의문을 제기하고 있다.

보이지 않는 기술(2017)

기술이 우리가 필요로 하는 것을 예측하는 데 더 능숙해 지면서, 우리의 삶과 우리 주변의 세계에 더 원활하고 눈에 띄지 않게 스며들고 있다.

> **보호 기술**

Chapter 13
상거래 혁신 FLUX COMMERCE

상거래 혁신이라는 메가트렌드는?

산업 간의 경계가 무너짐에 따라, 우리가 물건을 팔고 사는 방법이 끊임없이 변화하면서 비즈니스 모델, 유통 채널, 소비자 욕구, 심지어 혁신 그 자체까지 지속적으로 혁신시키고 있다.

2012년 스페인 정부는 완전히 혁신적인 새로운 세법을 통과시켰다. 새 법안은 경제 개혁과 긴축 정책의 일환으로 극장 입장료 세금을 8%에서 21%로 인상시켰다. 그 후 1년 동안 스페인 전국의 극장 관객은 30%나 급감했다. 절망에 빠진 극장주들은 살아남기 위해 온갖 기발한 아이디어를 동원했다. 예를 들어, 한 극장은 세금이 부과되지 않는 고가의 당근을 16유로에 팔면서 당근을 산 사람들에게 '무료' 영화 티켓을 제공하기도 했다. 하지만 아마도 가장 창의적인 아이디어를 실행한 곳은 코미디 전문 극장 티트레뉴(Teatreneu)일 것이다. 극장측은 입장료를 무료로 하는 대신, 관객은 그 공연이 자신에게 얼마나 재미있었는지에 따라 수수료를 지불하게 했다. 모든 좌석에는 얼굴 추적 기술을 사용한 태블릿이 설치되어 관객들이 웃을 때마다 이를 감지한다. 한 번 웃을 때마다 30유로 센트씩 부과되며, 최고 티켓 가격이 24유로까지 올라간다. 이 같이 웃을 때마다 요금이 추가되는 아이디어는 즉각적인 성공을 거두었고, 관객은 다시 35% 늘어났다. 다른 극장들도 이 방식을 따르도록 고무시켰다.

티트레뉴가 사람들이 쇼를 보기 위해 돈을 지불하는 방식을 혁신한 것과 거의 같은 시기에, 캐스퍼(Casper)라는 회사는 사람들이 침대 매트리스를 사는 방식을 바꾸고 있었다. 캐스퍼는 온라인으로 발포고무 매트리스를 판매하는데, 매트리스를 말아서 압축해 부엌 찬장만한 상자에 넣어 배송한다. 10년 전만 해도, 사람들이 먼저 경험해 보지 않고 매트리스를 산다는 것은 생각조차 할 수 없는 일이었을 것이다. 오늘날 소비자들은 신발에서 안경 처방까지, 모든 물건을 먼저 보지 않고도 온라인으로 사는 데 익숙해져 있다.

세계 반대편 나라 모리오카 요시유키라는 전 서점 직원이 도쿄 긴자의 시장 번화가에서 대담한 실험을 시작했다. 그가 차린 모리오카 쇼텐(Morioka Shoten) 서점은 급진적인 사업 모델로 세계의 주목을 끌었는데, 바로 특정 기간 동안 한 가지 책만 팔면서, 일주일 내내 저자가 참여하는 이벤트와 커뮤니티 토론회를 여는 등 오로지 그 책에 대한 독자들의 참여에 전념하는 방식을 취한 것이다.

얼핏 보면, 관객이 웃을 때마다 요금이 올라가고, 매트리스를 온라인에서 팔고, 한 가지 책만 파는 서점을 여는 것은 별 상관없어 보인다. 하지만 지난 10년 동안 우리가 추적해 온 가장 광범위한 트렌드 중 하나는, 우리가 무엇을 사고 누가 그것을 파느냐에 대한 혁신이 아니라, 그 제품들과 경험들이 어떤 방식으로 사고 팔리는가에 대한 혁신이다. '상거래 혁신'(Flux Commerce)라는 메가트렌드는, 성공적인 기업들이 그들의 비즈니스 모델과 유통 방식(한 때 변할 것 같지 않았던 비즈니스 측면이었다)을 어떻게 더 발전시키고 있는지, 그리고 그것을 지속시키기 위해 혁신 방법을 어떻게 변화시키고 있는지를 잘 보여준다.

이것은 우리가 수년 동안 추적해 온 주제다. 우리는 2015년에도, 제품과 서비스가 최종 소비자에게 전달되는 방식이 어떻게 극적으로 변화하고 있는지를 설명하는 '혁신적 유통'이라는 트렌드를 소개한 적이 있다. 과거에 몸담았던 익숙한 분야를 과감히 벗어나 전통적인 산업 경계를 넘어 혁신하고 확장하는 회사들이 점점 더 늘어나고 있다는 사실은, 기업들이 '상거래 혁신' 트렌드를 얼마나 많이 수용하고 있는지를 잘 보여준다.

산업 경계가 모호해 졌다

레드불은 한때 그저 에너지 드링크 회사에 불과했다. 그러나 이 오스트리아 회사는 90년대 초부터 라이브 이벤트, 잡지 발행, 24시간 연중무휴로 방송되는 텔레비전 채널 등을 보유한, 성장 가도를 달리는 미디어 제국으로 확장되었다. 레드불이 제품군을 확장하면서 산업의 경계를 넘나든 건 이번이 처음이 아니다. 이 회사는 또 축구, 자동차 경주 포뮬러 원(Formula 1), 항해, 서핑, 아이스하키, 스케이트보드 등 11개 종목에 걸쳐 15개의 스포츠 팀을 인수했다. 이 회사는 왜 그렇게 과감하게 다른 산업을 넘나드는 것일까?

레드불의 공동 설립자인 다트리히 마테쉬츠Dietrich Meteschitz는 그 이유를 이렇게 설명한다. "우리의 목표는 시장의 메이저 콘텐츠 제공업체로서, TV에서부터 잡지, 새로운 형태의 미디어, 음반사에 이르기까지, 모든 미디어 부문에서 '레드불의 세계'를 소통하고 유통하는 것입니다. 잡지 형식의 미디어에 스포츠팀과 관련된 미디어가 합해지면 전체적인 미디어 가치는 광고비 지출을 크게 뛰어넘으니까요."

레드불은 경쟁사와 차별화하고, 다양화를 통해 여러 수익원을 확보하고, 그 과정에서 소비자의 관심을 더 많이 끌기 위해, 기업이 기존 산업의 경계를 벗어나려고 노력하는 많은 사례 중 하나다. 예를 들어, 미국 대형 은행 캐피털 원(Capital One)은 지점 사무실을 편안한 카페와 공동 작업 공간으로 변화시키고 있다. 가구 유통회사 웨스트 엘름(West Elm), 의류 및 액세서리 유통회사 무지(Muji), 레스토랑 체인 타코 벨(Taco Bell), 의류 잡화 명품 유통회사 아르마니(Armani) 같은 소매 브랜드들은 모두 자신의 브랜드 이름을 딴 호텔을 가지고 있는데, 이는 투숙객들이 하룻밤 머물면서 그들의 상품에 더 몰두하게 되고 더 많은 물건들을 살 것이라고 확신하기 때문이다.

컨설팅 업계에서도 IBM, 액센츄어(Accenture), PwC, 딜로이트 같은 오랜 기업들이 그들의 새로운 창의적 쌍방향 서비스 그룹을 앞세워 마케팅 산업에 진출하고 있다. 뉴욕타임스, 월스트리트저널(WSJ), 포브스(Forbes), 뉴욕 매거진(New York Magazine) 같은 영향력 있는 미디어 브랜드들도 최근 기자들이 브랜드 전용 고품질 콘텐츠를 별도로 생산하는 맞춤형 콘텐츠 스튜디오를 출범시켰다. 온라인 거인 아마존도 온라인 소매업에서 벗어나 유기농 제품 전문 유통회사 홀푸드(Whole Foods)를 인수하고, 식료품 매장 몇 곳을 열면서 식료품 시장으로 진출했다.

과거에는, 산업들 사이의 경계선이 수직으로 명확하게 그려졌다. 그러나 오늘날 그런 경계선이 변화하면서, 우리는 비즈니스의 가장 근본적인 원칙 중 하나인 '소유권'(ownership)에 대한 의문을 제기하기 시작했다.

소유권에서 사용권(usership)으로

수십 년 동안 자동차를 사는 것은 자유, 책임, 성인 되는 것의 상징으로 여겨져 왔다. 그러나 나이든 사람들이 도시 외곽으로 이주하고 있는데다 승차 공유 서비스가 쉬워지면서, 애널리스트들은 미래에는 자동차를 소유하려는 사람들의 수가 광범위하게 감소할 것으로 예측하고 있다. 사람들 사이에서 우리가 지불하는 것들에 대한 '전적인 소유' 개념이 점점 희박해지고 있는 것 같다. 우리들은 이제 굳이 차를 소유하며 그것을 유지하고 주차하고 세차하는 일을 더 이상 원하지 않는다. 우리는 단지 어디든 가고 싶을 때 갈 수만 있으면 된다. 요금만 지불하면 차를 부를 수 있는데, 왜 많은 초기 비용을 들여 차를 소유한단 말인가? 마찬가지로, 우리가 원할 때마다 숙박공유 앱 에어비앤비(Airbnb)를 통해 약간의 돈을 지불하면 얼마든지 다른 사람의 집에 머물 수 있는데, 왜 비싸고 아늑한 휴가용 별장을 소유해야 하는가?

일부 경제학자들은 이런 변화에 대해, 우리가 필요로 하거나 원하는 제품과 서비스에 대한 통제력이 이제는 더 이상 '소유권'이 아니라 '사용권'으로 바뀌어 가고 있다고 설명한다. 즉, 원하는 제품을 반드시 소유할 필요 없이, 단지 사용하기만을 원한다는 것이다. 소비자들은 이제 장기적으로 고정 비용이 발생하는 '전적인 소유'보다 유연성에 관심을 갖게 되었다. 그들은 이제 우버나 에어비앤비를 이용하는 것처럼, 그때 그때 소유주에게 빌려서 직접 사용하는 만큼만 지불하려고 한다. 소유권에서 사용권으로의 변화에 대처하기 위해, 많은 기업들이 자신의 비즈니스 모델을 기존의 선불 수익 모델에서 일회성 수수료를 받고 제품이나 서비스를 빌려주는 이른 바 구독 모델로 전환하고 있다. 우리는 2014년에 이런 트렌드를 '구독 경제'(Subscription Commerce)라고 명명하고 그에 대한 글을 폭넓게 써왔는데, 이 트렌드는 전혀 둔화될 기미가 없다.

예를 들어 MS 오피스와 어도비(Adobe)의 크리에이티브 클라우드(Creative Cloud) 같은 소프트웨어는 현재 구독 방식으로만 판매되고 있다. 영화관 체인들도 매달 무제한 영화 구독 서비스를 제공하기 시작했다. BMW나 볼보 같은 자동차 회사들은 고객들이 몇 달 혹은 더 자주 차를 바꿀 수 있는 월 구독 모델을 실험하고 있다. 심지어 법조계의 오랜 자문회사 리갈줌(LegalZoom)은 웹 기반으로 이혼을 전문으로 취급하는 위보스(Wevorce) 같은 틈새 회사들과 제휴해 월 사용료를 받고 고객들이 필요할 때마다 변호사, 중재자, 그 외 법적 자원에 접근할 수 있는 기회를 제공한다.

기업들은 또 공유 시장, 공유 노동력을 수용하며 사용권 시대에 적응하고 있다. 우리는 지난 2014년에 이 트렌드를 '협업 경제'(Collaborative Economy)라고 불렀다. 접객업계에서는 페어드(Pared)라는 푸드 서비스 전문직 알선 회사가 식당과 임시 주방 직원을 연결해 주는 일을 하고 있다. 우버도 우버웍스(UberWorks)

라는 온디맨드 인력 사업을 시작한다고 발표했다. 운송업계의 우버를 꿈꾸는 브라질의 카고X(CargoX)는 운송수단이 필요한 브라질의 회사들과 여분의 공간을 가진 트럭 운전사들을 연결시킨다. 물류센터 중개 전문 플랫폼 플렉스(Flexe)는 누구나 필요할 때 여분의 창고 공간을 예약할 수 있다. 또 스페이셔스(Spacious)라는 스타트업은 뉴욕의 고급 레스토랑들을 대상으로, 낮시간 동안 공동으로 일할 사무실을 찾는 사람들에게 공간을 제공하는 앱을 출시했다.

사용권 시대가 부상하면서 기존에 고정 비즈니스 모델이 구독 및 협업 모델로 전환되고 있지만, 그렇다고 해서 소비자들이 '소유권'을 완전히 포기한 것은 아니다. 우리는 여전히 물질주의 사회에 살고 있어서 소유권이 필요하다고 생각하는 사람들은 여전히 많다. 그러나 자신이 '소유'하고자 하는 제품을 어디서 어떻게 구입하느냐가 소매 산업을 근본적으로 변화시키고 있다.

변화의 한 복판에 선 소매업계

우리가 물건을 사고파는 방식이 끊임없이 변화하면서, 이런 변화에 가장 먼저 적응한 산업은 소매업계일 것이다. 소비자의 기대치가 증가하고 모든 물건을 구입하는 방식이 극적으로 변화하면서, 일부 소매업계 애널리스트들은 매년 "올해가 소매업계 종말의 해가 될 것"이라는 말을 반복해 왔다. 물론 그런 종말 예측은 아직 실현되지 않았지만, 지난 10년 동안 소매업계의 환경은 더 몰입적이고 개인화되며 그 어느 때보다 역동적으로 변화해 왔다.

예를 들어, 많은 소매 패션 매장에서 고객들은 방향 스마트 미러(interactive smart mirror, 거울과 디스플레이가 합쳐지고 IoT 기술이 더해진 차세대 디스플레이 기술. 평소에는 일반 거울의 기능을 하지만 사용자가 접근하면 센서가 반응해 사용자가 원하는 정보를 디스플레이해 준다. – 역주)라는 기술을 사용해 두 가지 옷을 나란히 비교하거나, 자신의 옷 입은 사진을 보거나, 상점 직원에게 새로운 사이즈나 다른 물건을 보여 달라고 요청할 수 있다. 기업들은 또 모바일 기기나 로밍 지원 회사들과 협력해, 고객에게 할인 혜택이나 각종 도움을 제공하는 위치 기반 신호 전송장치(beacon)인 니어러블(Nearables, 블루투스나 와이파이처럼 주변에 있는 사물 간의 무선통신을 가능하게 하는 통신 기술 – 역주)에도 투자하고 있다. 주택 보수 용품 유통회사 로위(Lowe)나 글로벌 가구회사 이케아(Ikea)도 가상 및 증강 현실을 이용해 고객들에게 리모델링 프로젝트가 어떤 모습인지를 실제로 보여주는 방법을 제공하고 있다.

주요 소매업체들은 또 고객에게 매장을 안내하고, 고객의 경로를 최적화하고, 고객이 빠뜨린 물건이 없도록 고객의 쇼핑 목록을 동기화시켜 놓은 '로보카트'(robocart)도 실험하고 있다. 또 계산원과 계산대가 없는 무인 매장으로의 전환도 가속화되고 있다.

무인 매장에서 고객들은 스마트폰이나 카메라 얼굴 인식 기술로 자신의 신분을 확인하고, 구입한 모든 물건이 자동으로 결제된다. 소매업체들은 제품에 가격을 매기는 방법은 물론, 그 가격을 얼마나 자주 그리고 얼마나 빨리 업데이트하는지도 바꾸고 있다. 수요가 많으면 제품이나 서비스의 가격을 자동으로 인상하는 '서지 프라이싱'(surge pricing) 기술은 식료품부터 승차 공유 요금까지 모든 제품의 소매 가격을 역동적으로 조절한다. 이에 따라 사람들은 일부 소매업체들이 미래에는 소비자들이 항상 알고리즘에 의해 최대 가격을 지불하도록하기 위해, 고객을 능숙하게 기만하는 '가격 봇'을 배치할 것이라고 우려하기도 한다.

우리가 물건을 사는 방식의 중대한 변화는, 소매업체가 제품 및 서비스를 판매하기 위해 사용하는 전략과 접근 방식을 크게 변화시켰을 뿐만 아니라, 기업이 제품 및 서비스를 혁신하는 방법도 변화시켰다.

혁신을 혁신하다

우리는 어떠 어떠한 것들이 우리 건강에 좋다는 건강 열풍 뉴스들을 거의 매일 접한다. 예를 들어, 활성탄은 독소와 화학물질을 내장에 가두어 흡수를 막아준다는 등, 해조류 캡슐이 우리의 뇌력을 증진시키고 심장병을 예방해준다는 등, 아카시아 섬유질이 고통을 덜어주고 지방을 줄여준다는 등 이러한 주장들 중 일부는 사실일 수 있지만 일부는 확실히 틀리다. 안타깝게도 우리는 우리를 완전히 혼란에 빠뜨리고 극도로 회의적이게 만드는 상반된 조언들을 너무 많이 받는다. 특히 빨리 부자가 될 수 있다는 온라인 마케터들과 조언 웹사이트들은 더욱 그렇다. 이에 따라 우리는 과거 그 어느 때보다도 일시적 붐(유행)에서 더 빨리 벗어나려고 애쓴다. 우리는 2017년 보고서에서 이런 트렌드를 '유행 피로감'(Fad Fatigue)이라고 언급했다.

일시적 붐에 대한 열정은 항상 격렬하고 빠르게 퍼진다. 하지만 유행에 대한 피로는 우리가 상품을 구매하는(또는 구매하지 않는) 방식에 엄청난 영향을 미쳤다. 우리는 다음 유행으로 더욱 더 빠르게 달려만 가고 있다. 이로 인해 기업들은 고객의 입맛에 맞추기 위해 빠르게 새로운 혁신 방법을 찾아야 하는 엄청난 압력에 시달리고 있다. 그들은 '다음의 큰 히트 상품'을 찾기 위해 노력하면서도, 살아남기 위해서는 그들의 사업을 완전히 재정비하는 길밖에 없다는 두려움에 사로잡혀 있다. 이에 따라 일부 기업들은 순진하게 오직 혁신 경쟁자들이 하는 일을 그대로 따라하는 데에만 급급하고 있는데, 우리는 2019년에 그런 현상을 '혁신 조바심'(Innovation Envy) 트렌드라고 설명했다.

일부 기업들은 혁신 경연대회(예를 들어 해커톤hackathon, 해킹(hacking)과 마라톤(marathon)의 합성어로, 한정된 기간 내에 기획자, 개발자, 디자이너 등이 팀을 구성해 계속 아이디어를 도출하고, 이를 토대로 앱, 웹 서비스 또는 비즈니스 모델을 완성하는 대화 - 역주)를 개최하거나, 스타트업과 회사 내 한 팀을 연결시켜 플랫폼을 시작하거나, 회사 내에 '혁신 랩'을 만듦으로써 이런 도전에 대응하기도 한다. 예를 들어, 포드 자동차는 실리콘 밸리에, 첨단기술과 주행 경험의 접목에 초점을 맞춘 랩인 '연구 및 혁신 센터'를 설립했다. 오픈 이노베이션(Open Innovation, 기업이 내부 자원을 외부와 공유하면서 혁신을 위해 필요한 기술과 아이디어를 외부와 활발히 교류한다는 개념 - 역주), 크래프트 하인즈(Kraft Heinz)의 스프링보드(Springboard), 아디다스(Adidas)의 브루클린 크리에이터 팜(Brooklyn Creator Farm) 등 수많은 사내 랩들이 지난 몇 년 동안 문을 열었다. 이러한 사례는 매우 많다. 우리는 2016년에 이런 트렌드를 '자체 육성'(Insourced Incubation)이라고 명명하고, 기업들이 어떻게 외부적 사고를 조직에 도입하는 데 초점을 맞추고 있는지를 설명했다.

고급 백화점 체인 노드스트롬(Nordstrom)은 2013년에 혁신 랩을 출범시킨 가장 초기 기업 중 하나였다. 그러나 회사는 불과 2년 후, 랩의 기능을 축소하고 직원들을 다른 부서로 재배치할 것이라고 발표했다. IT 전문매체 긱와이어(Geekwire)가 그 이유를 묻자 노드스트롬 대변인은 "이제 혁신은 특정 팀의 일이 아니라 모두가 해야 할 일이기 때문"이라고 설명했다. '자체 육성'으로 시작해 외부 기술과 교류하는 자연스러운 발전은, 결국 사업이 수행되는 전체적 방식에 통합된다는 것이다.

오늘날 기업에서 변화는 이제 뉴노멀(new normal)이 되었다. 기업들은 이러한 모든 변화를 따라잡으려면 새로운 비즈니스 모델, 유통 방식, 고객 참여 전략 등을 지속적으로 혁신해야 한다는 것을 알고 있다. 하지만 그보다 먼저 혁신 방법을 혁신해야 한다는 것을 깨달을 필요가 있다.

'상거래 혁신' 트렌드 요약

우리가 제품을 사고 파는 방식, 그리고 그 물건에 대해 얼마를 지불할 용의가 있는지, 또 그 물건들을 소유할 것인지 빌릴 것인지, 모든 것들이 빠르게 변화하고 있다. 한때 산업 간에 뚜렷하게 구분되었던 경계선도 거의 사라지고 있고, 비즈니스 모델이 제품 판매에서 구독 서비스로 이동하고 있으며, 유통 방식에서도 중간 상인이 없어짐에 따라, 이 새로운 경제에서의 승자들은 점점 더 빠르게 변화하고 점점 더 모호해지는 상거래의 특성을 수용하는 사람들, 즉 '변화'를 환영하고 그 변화와 함께 움직이는 사람들이 될 것이다.

'상거래 혁신' 트렌드 활용하기

1. 모호한 것을 찾아라.

비즈니스 전략을 혁신하는 방법에 대해 생각할 때, 가능할 것 같지 않은 두 개의 모델을 결합하면 어떤 일이 발생할지 생각해 보라. 예를 들어, 도넛 가게에서 도넛을 파는 것처럼 자동차를 팔면 어떨까? 에어비앤비가 약국 사업을 시작하기로 결정한다면? 이 같은 새로운 시각의 질문들은 우리로 하여금 과거에 익숙했던 방식을 벗어난 방식으로 생각하고, 산업 간의 경계가 '모호한' 영역에서 새로운 아이디어를 찾도록 격려해 준다. 이런 생각들은 때로는 부자연스럽고 불가능해 보일 수도 있지만, 그런 터무니없는 생각을 가능한 것으로 바꾸려고 노력할 때, 실행 가능한 아이디어가 생길 수 있다.

2. 변화에 역행하지 말고 전략적으로 대응하라.

기업들은 종종 발명을 혁신으로 착각한다. 발명과 혁신은 같은 것이 아니다. 그런 착각은 얕은 아이디어, 1차원적 제품이나 서비스 아이디어, 차별화되지 않은 고객 참여로 이어진다. 혁신을 생각할 때에는 단지 제품 개발 차원을 넘어, 더 큰 목적을 통합하고 고객을 기쁘게 하는 보다 강력한 경험을 제공하는 새로운 비즈니스 모델을 생각하라.

3. 혁신가들을 찾고 지원하라.

혁신에 성공하는 기업들은 모두 그 첫 단계로 기업가정신을 가진 사람을 끌어들이기 위한 새로운 방법을 찾는다. 이런 노력은, 기존 기업들이 자신들이 직면하는 사업의 문제 해결책을 스타트업에서 찾는 '스위치 피치'(switch pitch)처럼. 스타트업과의 경쟁이나 보다 참신한 전술의 형태를 취하기도 한다. 하지만 혁신을 위한 자원을 외부에서만 찾지 말고 먼저 회사 내부를 살펴보라. 평소에 간과된, 혁신에 헌신하는 직원을 찾아보라. 조직 내에서 혁신의 광맥을 찾으라. 그들은 이미 흥미로운 일을 하고 있는 팀일 수도 있다. 그들의 계획을 지원하고 그들을 출발점으로 삼으라.

'상거래 혁신' 트렌드의 진화

이 메가트렌드와 관련된 과거 트렌드는 어떻게 발전되었나.

지역 중심의 상거래(HYPER-LOCAL COMMERCE)(2013)

새로운 서비스와 기술은 사람들이 지역 기업에 투자하거나 지역 상인들에게서 구매하는 것을 쉽게 해준다.

⇩

누구나 기업가가 될 수 있다(INSTANT ENTREPRENEURS)(2014)

새로운 사업을 시작하기 위한 진입 장벽이 무너짐에 따라, 실패의 비용과 위험이 이전만큼 높지 않다는 것을 알게 되면서, 아이디어만 있으면 누구나 스타트업을 시작할 수 있게 되었다.

⇩

협업 경제(2014)

새로운 비즈니스 모델과 도구를 통해, 소비자와 기업들은 공유 및 협업을 통해 제품 및 서비스를 구매, 판매 및 소비하는 새로운 방법을 찾을 수 있게 되었다.

⇩

구독 경제(2014)

한 번 판매로 끝나는 대신, 서비스나 제품을 고객에게 반복해서 판매하기 위해 구독 방식을 사용하는 기업과 소매업체가 늘고 있다.

⇩

혁신적 유통(2015+2018)

광고 크리에이터와 제조업체들은 새로운 유통 모델을 도입해 통상적인 유통 채널을 혁신하고, 중간 상인을 배제하며, 고객 및 구매자들과의 직접적인 관계를 구축한다.

⇩

소매업계의 역흐름(2015)

온라인 소매업체들도 브랜드 친밀감을 구축하고 고객을 교육하기 위해 인간적 접촉이 일어나는 매장 내 경험에 투자하고 있으며, 여기에 온라인 채널을 매끄럽게 통합해 구매를 완성시킨다.

⇩

자체 육성(2016)

혁신적이 되기 위해 노력하는 기업들은 더 많은 외부 혁신자들을 사내로 불러들이고, 자금 지원, 공동 작업을 할 수 있는 멋진 실험실 공간, 그리고 기분 좋은 설득으로 그들의 마음을 끌고 있다.

유행 피로감(2019)

소비자들은 차세대 빅 히트 제품이라고 주장하는 혁신에는 이미 싫증이 나 있으며, 그 어느 것도 오래가지 못할 것이라는 생각을 갖고 있다.

⇩

혁신 조바심(2019)

기업가, 기업 및 기관들은 살아남기 위해 혁신해야 한다는 두려움 때문에 혁신 경쟁자들에게 조바심을 느끼고, 선망 또는 절망감으로 혁신에 접근한다.

상거래 혁신

CONCLUSION

트렌드란 현재 가속화되고 있는 것에 대한 큐레이트된 통찰이다.

확실히 세계는 2880년 3월 16일에 끝날 것이다.

나는 이 사실을 〈뻔하지 않은 트렌드 보고서〉 첫판을 최종적으로 정리하면서 알게 되었다. 나는 한 과학자 팀이 지구와 '소행성 1950 DA'라고만 알려진 천체 사이의 우주 충돌로 인해 그날 세계가 끝날 확률이 0.3%라는 것을 발견했다는 이야기를 읽었다. 그 이야기를 읽는 순간, 오늘날 우리가 흔히 접하는 예측 유형의 완벽한 예가 떠올랐다. 그것은 어떤 임박한 파멸에 대한 선언은 과장되기 쉬우며, 그것을 바꾸기 위해 우리가 무엇을 할 수 있는지에 대한 조언은 상대적으로 거의 유용하지 않다는 것이다.

이 책의 목표 중 하나는, 그런 과장된 미래 예측보다 그다지 더 유용하지도 않으면서 게으르고 뻔한 사고방식에 도전하는 것이다. 사실, 세상을 1차원적으로 좁게 보는 것은 최후의 심판을 예언하는 것보다 훨씬 더 해롭다. 그 이유는, 우리의 먼 미래에 대한 공허한 두려움을 퍼뜨리는 것보다 세상을 좁게 보는 것이 우리로 하여금 잘못된 결정을 하게 만들기 때문이다.

이 책은, 덴마크가 풍력 에너지 생산 덕분에 2050년까지 세계 제2의 초강대국이 될 것이라는 지정학적 주장이나, 스스로 운전해 하늘을 나는 자동차가 매일 출퇴근하면서 가상현실 관광을 가능하게 할 것이라는 매력적인 추측을 제시하지 않는다. 물론 그런 종류의 예측은 쓰고 읽기에는 재미있다. 그리고 어떤 것들은 실현될 수도 있을 것이다. 그러나 대부분은 불확실성에 가려져 있다. 우리의 미래를 예측하는 것은 단지 추측하는 작업이 아니다. 다시 강조하건대, 트렌드를 큐레이팅하는 것은 다른 사람들이 놓치는 것을 보는 것이다. 또한 호기심과 사려 깊은 사고방식을 발전시키는 것이기도 하다. 아이작 아시모프가 쓴 것처럼 속독가에서 '빠르게 이해하는 사람'으로 변화하는 것이다. 미래는 관찰력을 이용해 산업, 아이디어, 사람들의 행동들 사이의 연관성을 보고, 빠르게 변하는 현재를 더 깊이 이해할 수 있도록 큐레이팅해 불확실한 미래를 읽어낼 수 있는 사람의 몫이다.

미래를 읽는 사고방식이 과연 지금으로부터 867년 후 일어나는 소행성 충돌에서 우리를 구할 수 있을까? 물론 그러길 바란다. 그러나 그때까지 기다리기보다 지금 당장 이 사고 방식을 수용하면, 오늘날 우리의 삶과 비즈니스에 접근하는 방식이 바뀔 수 있다. 미래에 대한 준비는 불필요한 것들을 걸러내고 현재를 보다 잘 이해하는 것에서 시작된다. 언제나 그래왔듯이 말이다.

감사의 말

이 책의 아이디어는 10년 전에 탄생했다. 부족한 것투성이인 첫 번째 보고서 이후, 이 10년 프로젝트는, 매년 새 판이 나올 때마다 수만 명의 사람들이 이 통찰력에 대해 토론하고, 도전하고, 공유하며 영감을 받았다. 따라서 감사의 말은 그들 모두에 대한 감사로 시작하는 것이 마땅할 것이다.

독자 여러분 외에도, 〈뻔하지 않은 트렌드 보고서〉 새 판이 나올 때마다 내가 손으로 쓴 노트, 포스트잇에 적어 둔 메모 뭉치들을 지금 독자 여러분의 손에 들고 있는 책으로 바꾸도록 도와준 놀랍도록 재능 있는 전문가들로 구성된 소규모 군단의 도움을 적지 않게 받았다. 그들 모두에게 특별한 감사를 드린다. 이 책의 주장들을 변함없이 더 스마트하게 만들어준 나의 용감한 편집자 제노베바Genoveva에게 감사한다. 그는 이 주장들의 빈틈을 확인하고, 책의 세세한 부분까지 읽어가면서 모든 면에서 더 나은 책이 되도록 만들어 주었다.

허브Herb, 크리스티나Christina, 그레첸Gretchen, 테리Terry, 케이Kay, 미셸Michele, 베브Bev, 파레쉬Paresh, 엘리자Eliza, 매튜Matthew 등 편집팀 모두에게 감사한다. 그들은 이 책뿐 아니라 이전 판에서도 뛰어난 편집 조언으로 자문을 아끼지 않았다. 프랭크Frank, 안톤Anton, 제시카Jessica, 조스Joss, 모린Maureen, 제프Jeff, 켈리Kelly에게도 감사한다. 그들은 이 책의 시각적 디자인을 맡아 전문 지식을 유감없이 발휘해 책의 겉과 속을 모두 아름답게 만들어주었다. 말린Marleen과 크리스를 위시한 대외협력팀에도 감사한다. 그들 덕분에 이 책이 전세계 새로운 독자들에게 전달될 수 있었다. 레니Renee와 케이티Katie에게도 감사를 전한다. 그들은 내가 전 세계를 돌아다니며 연설과 워크샵을 통해 많은 무대에서 메시지를 올바로 전달하도록 도움을 주었다. 이들의 도움이 없었다면 그 모든 것을 제대로 관리할 수 없었을 것이다. 비베카Viveca, 휴고Hugo, 그리고 중국팀들에도 감사한다. 이들 덕분에 이 책의 통찰력과 미래를 읽는 사고방식을 중국 시장에 소개할 수 있었다. 마니Marnie에게도 감사의 말을 전한다. 그녀는 이 모든 일과 아이디어프레스 출판사 프로젝트들이 차질없이 진행되도록 도와주었다. 멋진 파트너가 된 리치Rich에게도 감사한다. 그는 빠듯한 일정 속에서도 모든 일을 훌륭히 해냈다.

아내 차비 Chhavi에게 특별히 감사한다. 그녀는 내가 책의 각 장(章)들을 끝내기 위해 며칠 동안 사라지고, 아이디어를 확인하기 위해 집안 곳곳을 온통 메모판으로 만들어 놓아도 불평하지 않고 늘 즐겁게 대해주었다. 일상의 협력자로서 그녀는 책의 논점을 더 강하게 만들고 더 크게 생각하도록 도움을 주고 북돋아주었으며, 이 책의 10년 여정을 모든 면에서 더 좋게 만들어주었다. 당신에게 영감을 주는 사람과 결혼하면 미래를 생각하는 일이 더 쉬워진다.

마지막으로 내 아이들 로한Rohan과 자이든Jaiden을 빼놓을 수 없다. 아이들은 세상에 대한 넘치는 호기심으로, 내가 세상을 더 관찰하고, 섣불리 판단하기보다는 항상 두 귀로 듣도록 동기를 부여해주었다. 사실은 우리 모두에게 그런 자세가 필요하다.

참고 도서

INTRODUCTION

The Next 100 Years: A Forecast for the 21st Century
  by George Friedman
Up the Organization: How to Stop the Corporation from Stifling People
and Strangling Profits
  by Robert Townsend
It's Been a Good Life
  by Isaac Asimov and Janet Jeppson Asimov

1장

Mindset: The New Psychology of Success
  by Carol Dweck
The Sense of Style: The Thinking Person's Guide to Writing in the 21st Century
  by Steven Pinker
The Laws of Simplicity (Simplicity: Design, Technology, Business, Life)
  by John Maeda
Back of the Napkin: Solving Problems and Selling Ideas with Pictures
  by Dan Roam
How to Make Sense of Any Mess: Information Architecture for Everybody
  by Abby Covert

2장

Megatrends: Ten New Directions Transforming Our Lives
  by John Naisbitt
Superforecasting: The Art and Science of Prediction
  by Philip E. Tetlock and Dan Gardner
Words that Sell: More than 6000 Entries to Help You Promote Your
Products, Services, and Ideas
  by Richard Bayan
Future Babble: Why Pundits Are Hedgehogs and Foxes Know Best
  by Dan Gardner

3장

The Trend Forecaster's Handbook
  by Martin Raymond
Persuadable: How Great Leaders Change Their Minds to Change the
World
  by Al Pittampalli
Small Data: The Tiny Clues That Uncover Huge Trends
  by Martin Lindstrom
Trend-Driven Innovation: Beat Accelerating Customer Expectations
  by Henry Mason, David Mattin, Maxwell Luthy and Delia Dumitrescu
The Disruption Mindset: Why Some Organizations Transform While
Others Fail
  by Charlene Li
The Trend Management Toolkit: A Practical Guide to the Future
  by Anne Lise Kjaer
  by Anne Lise Kjaer

4장

The Selfie Generation: How Our Self-Images Are Changing
　by Alicia Eler
Oversharing: Presentations of Self in the Internet Age
　by Ben Agger
The End of Forgetting: Growing up with Social Media
　by Kate Eichhorn
The Lies That Bind: Rethinking Identity
　by Kwame, Anthony Appiah
The Narcissism Epidemic: Living in the Age of Entitlement
　by Jean M. Twenge and W. Keith Campbell

5장

Delusions of Gender: How Our Minds, Society, and Neurosexism Create
Difference
　by Cordelia Fine
We Should All Be Feminists
　by Chimamanda Ngozi Adichie
Otherhood: Modern Women Finding A New Kind of Happiness
　by Melanie Notkin
The Athena Doctrine: How Women (and the Men Who Think Like Them)
Will Rule the Future
　by John Gerzema and Michael D'Antonio
Bad Feminist: Essays
　by Roxane Gay
The Madness of Crowds: Gender, Race and Identity
　by Douglas Murray

6장

College (Un)bound: The Future of Higher Education and What It Means for Students
  by Jeffrey J. Selingo
How We Learn: The Surprising Truth About When, Where, and Why It Happens
  by Benedict Carey
Education That Works: The Neuroscience of Building a More Effective Higher Education
  by Dr. James Stellar
Ultralearning: Master Hard Skills, Outsmart the Competition, and Accelerate Your Career
  by Scott H. Young
End of College: Creating the Future of Learning and University of Everywhere
  by Kevin Carey
Leveraged Learning: How the Disruption of Education Helps Lifelong Learners, and Experts with Something to Teach
  by Danny Iny

7장

The Revenge of Analog: Real Things and Why They Matter
  by David Sax
Words Onscreen: The Fate of Reading in a Digital World
  by Naomi S. Baron
Digital Minimalism: Choosing a Focused Life in a Noisy World
  by Cal Newport
The Missing Ink: The Lost Art of Handwriting
  by Philip Hensher
Shop Class as Soulcraft: An Inquiry into the Value of Work
  by Matthew B. Crawford
A Craftsman's Legacy: Why Working with Our Hands Gives Us Meaning
  by Eric Gorges and Jon Sternfeld

8장

Alone Together: Why We Expect More from Technology and Less from Each Other,
by Sherri Turkle
Empathy: Why It Matters and How to Get It,
by Roman Krznaric
The Empathy Effect: Seven Neuroscience-Based Keys for Transforming the Way We Live, Love, Work, and Connect across Differences,
by Helen Riess
Messy: The Power of Disorder to Transform Our Lives,
by Tim Harford

9장

The Attention Merchants: The Epic Scramble to Get Inside Our Heads,
by Tim Wu
Trust Me, I'm Lying: Confessions of a Media Manipulator,
by Ryan Holiday
Weaponized Lies: How to Think Critically in the Post-Truth Era,
by Daniel J. Levitin
The Persuaders: The Hidden Industry That Wants to Change Your Mind,
by James Garvey
Brandwashed: Tricks Companies Use to Manipulate Our Minds and Persuade Us to Buy,
by Martin Lindstrom
Savvy: Navigating Fake Companies, Fake Leaders and Fake News in the Post-Trust Era
by Shiv Singh and Rohini Luthra

10장

Conscious Capitalism: Liberating the Heroic Spirit of Business
    by John Mackey and Raj Sisodia
People, Power, and Profits: Progressive Capitalism for an Age of Discontent
    by Joseph E. Stiglitz
Do Good: Embracing Brand Citizenship to Fuel Both Purpose and Profit
    by Anne Bahr Thompson
Winners Take All: The Elite Charade of Changing the World
    by Anand Giridharadas
Let My People Go Surfing: The Education of a Reluctant Businessman −
Including 10 More Years of Business Unusual
    by Yvon Chouinard
Delivering Happiness: A Path to Profits, Passion, and Purpose
    by Tony Hsieh

11장

Rise of the Robots: Technology and the Threat of a Jobless Future
    by Martin Ford
Automating Inequality: How High-Tech Tools Profile, Police, and Punish the Poor
    by Virginia Eubanks
Life 3.0: Being Human in the Age of Artificial Intelligence
    by Max Tegmark
The Inevitable: Understanding the 12 Technological Forces That Will Shape Our Future
    by Kevin Kelly
Overcomplicated: Technology at the Limits of Comprehension
    by Samuel Arbesman

12장

Weapons of Math Destruction: How Big Data Increases Inequality and Threatens Democracy
    by Cathy O'Neil
Dataclysm: Love, Sex, Race, and Identity--What Our Online Lives Tell Us about Our Offline Selves
    by Christian Rudder
The Signal and the Noise: Why So Many Predictions Fail--but Some Don't
    by Nate Silver
Everybody Lies: Big Data, New Data, and What the Internet Can Tell Us About Who We Really Are
    by Seth Stephens-Davidowitz
The Formula: How Algorithms Solve All Our Problems…, and Create More
    by Luke Dormehl
Measure What Matters: How Google, Bono, and the Gates Foundation Rock the World with OKRs
    by John Doerr
DataStory: Explain Data and Inspire Action Through Story
    by Nancy Duarte

13장

Subscribed: Why the Subscription Model Will Be Your Company's Future - and What to Do About It
    by Tien Tzuo and Gabe Weisert
The Membership Economy: Find Your Super Users, Master the Forever Transaction, and Build Recurring Revenue
    by Robbie Kellman Baxter
Business Model Generation: A Handbook for Visionaries, Game Changers, and Challengers
    by Alexander Osterwalder and Yves Pigneur.